AUTORES:

JOSÉ MARÍA CAÑIZARES MÁRQUEZ
CARMEN CARBONERO CELIS

COLECCIÓN OPOSICIONES MAGISTERIO: EDUCACIÓN FÍSICA

EVOLUCIÓN DE LAS CAPACIDADES MOTRICES EN RELACIÓN CON EL DESARROLLO EVOLUTIVO GENERAL: EDUCACIÓN SENSOMOTRIZ Y PSICOMOTRIZ EN LAS PRIMERAS ETAPAS DE LA INFANCIA. (VOLUMEN 10)

WANCEULEN
Editorial Deportiva

COLECCIÓN OPOSICIONES MAGISTERIO: EDUCACIÓN FÍSICA

VOLUMEN 10.
EVOLUCIÓN DE LAS CAPACIDADES MOTRICES EN RELACIÓN CON EL DESARROLLO EVOLUTIVO GENERAL. EDUCACIÓN SENSOMOTRIZ Y PSICOMOTRIZ EN LAS PRIMERAS ETAPAS DE LA INFANCIA.

AUTORES

José Mª Cañizares Márquez

- Catedrático de Educación Física
- Tutor del Módulo del Practicum del Master de Secundaria
- Especialista en preparación de opositores
- Autor de numerosas obras sobre Educación y Preparación Física

Carmen Carbonero Celis

- D. E. A. en Instituciones Educativas
- Licenciada en Pedagogía
- Maestra de Primaria y Secundaria en centros de Educación Compensatoria
- Didacta presencial del Módulo de Pedagogía General en el CAP
- Profesora de Pedagogía Terapéutica en Centro Educación Primaria

Título: EVOLUCIÓN DE LAS CAPACIDADES MOTRICES EN RELACIÓN CON EL DESARROLLO EVOLUTIVO GENERAL. EDUCACIÓN SENSOMOTRIZ Y PSICOMOTRIZ EN LAS PRIMERAS ETAPAS DE LA INFANCIA

Autores: José Mª Cañizares Márquez y Carmen Carbonero Celis

Editorial: WANCEULEN EDITORIAL DEPORTIVA, S.L.

C/ Cristo del Desamparo y Abandono, 56   41006 SEVILLA

Dirección web: www.wanceulen.com

I.S.B.N.: 978-84-9993-481-5

Dep. Legal:

© Copyright: WANCEULEN EDITORIAL DEPORTIVA, S.L.

Primera Edición: Año 2016

Impreso en España:

Reservados todos los derechos. Queda prohibido reproducir, almacenar en sistemas de recuperación de la información y transmitir parte alguna de esta publicación, cualquiera que sea el medio empleado (electrónico, mecánico, fotocopia, impresión, grabación, etc), sin el permiso de los titulares de los derechos de propiedad intelectual. Cualquier forma de reproducción, distribución, comunicación pública o transformación de esta obra solo puede ser realizada con la autorización de sus titulares, salvo excepción prevista por la ley. Diríjase a CEDRO (Centro Español de Derechos Reprográficos, www.cedro.org) si necesita fotocopiar o escanear algún fragmento de esta obra.

ÍNDICE

Presentación de la Colección.

Introducción

1. ASPECTOS COMUNES A TENER EN CUENTA EN EL EXAMEN ESCRITO.

    1.1. Criterios de corrección y evaluación que siguen los tribunales.
    1.2. Consejos sobre cómo estudiar los temas. Estrategias.
    1.3. Recomendaciones para la realización del examen escrito. Estrategias.
    1.4. Modelo estandarizado de presentación de examen escrito.
    1.5. Partes estándares a todos los temas.

2. EVOLUCIÓN DE LAS CAPACIDADES MOTRICES EN RELACIÓN CON EL DESARROLLO EVOLUTIVO GENERAL. EDUCACIÓN SENSOMOTRIZ Y PSICOMOTRIZ EN LAS PRIMERAS ETAPAS DE LA INFANCIA.

COLECCIÓN OPOSICIONES DE MAGISTERIO. ESPECIALIDAD DE EDUCACIÓN FÍSICA

PRESENTACIÓN DE LA COLECCIÓN

Los autores, con muchos años de experiencia en la preparación de oposiciones, hemos plasmado en esta Colección multitud de argumentos y detalles con la finalidad de que cada persona interesada en acceder a la función pública conozca minuciosamente todos los pormenores de la preparación.

La Colección está compuesta por una treintena de volúmenes, de los que veinticinco están dedicados a otros tantos capítulos del temario, y los cinco restantes a cómo hacer y exponer oralmente la programación didáctica y las UU. DD., así como a resolver el examen práctico escrito.

Los destinados a los temas llevan incorporados unos aspectos comunes previos sobre cómo hay que estudiarlos y consejos acerca de cómo realizar el ejercicio escrito.

Los aplicados al examen oral: defensa de la programación y exposición de las U.D.I., también llevan un capítulo referente a cómo es mejor hacer la expresión verbal, el mensaje expresivo, el esquema en la pizarra, etc.

Es decir, los autores no nos hemos ceñido a publicar un temario para las dos pruebas escritas (tema y casos prácticos) y las dos orales (programación y unidades). Hemos querido hacer partícipe de las técnicas que hemos seguido estos años y que tan buen resultado nos han dado, sobre todo a quienes sacaron plaza merced a su propio esfuerzo. No obstante, debemos destacar un aspecto capital: ratio del tribunal, es decir, ¿con cuántos opositores me tengo que "pelear" para conseguir la plaza?

Ya podemos ir perfectamente preparados, que si un tribunal tiene dos plazas para dar y hay diez opositores con un diez... la suerte de tener una décima más o menos en la fase de concurso nos dará o quitará la plaza.

Por otro lado, es conocido que desde hace año en España tenemos diecisiete "leyes de educación", es decir, una por autonomía, además de la que es común para todos y que, como las autonómicas, depende del partido político que gobierne en ese momento. No podemos obviar que la Educación y todo lo que le rodea -incluidos opositores- es un aspecto más de la política, si bien entendemos debería ser justo lo contrario. La formación de nuestros hijos no debe estar en función de unas siglas de unos partidos políticos, porque cuando uno consigue el poder, elimina por sistema lo hecho por el anterior, esté mejor o peor. Ejemplos, por desgracia, hay muchos desde la LOGSE/1990. Así pues, abogamos por un Pacto Educativo que incluya, lógicamente, a opositores y al Sistema de Acceso a la Docencia.

Esto trae consigo que, forzosamente, debamos basarnos en una línea de elementos legislativos. En nuestro caso, además de la nacional, nos remitimos a la de Andalucía. Por ello, las personas opositoras que nos lean deberán adecuar las citas legislativas autonómicas que hagamos a las de la comunidad/es donde acuda a presentarse a las oposiciones docentes.

Para cualquier información corta, los autores estamos a disposición de las personas lectoras en:

oposicionedfisica@gmail.com

INTRODUCCIÓN

Este volumen tiene dos partes claramente diferenciadas:

a) Por un lado tratamos diversos aspectos comunes a todos los temas escritos. Es decir, nos centramos en cómo hay que estudiarlos a partir de los propios criterios de valoración del examen que indica la Consejería de Educación de la Junta de Andalucía, y que suelen ser similares a los de otras autonomías. También incluimos los criterios de otras comunidades, pero no de todas porque se nos haría interminable.

Esta parte también incluye una serie de consejos acerca de cómo estudiar los temas, cuestión que no es baladí porque el opositor está muy limitado por el tiempo disponible para realizarlo.

Esto nos lleva a siguiente punto, el "perfil" de cada opositor, su capacidad grafomotriz muy a tener en cuenta para que en el tiempo dado seamos capaces de tratar el tema elegido con una estructura adecuada a los criterios de evaluación que el tribunal va a usar en la corrección.

Es muy corriente el comentario de "mientras más sepas, más nota sacas y más posibilidades de obtener plaza tienes". Esto trae consigo, en muchas ocasiones, que el opositor se encuentre con "montañas de papeles" sin estructurar, sin saber si un documento reitera lo de otro, sin dominar la capacidad de síntesis ante tanto volumen de definiciones, clasificaciones, teorías, opiniones, etc.

La realidad es muy distinta. El opositor debe llevar preparado al menos veinticuatro documentos (para tener el 100% de que le va a salir en el sorteo un tema estudiado concienzudamente), con la información muy exacta de lo que le da tiempo a escribir correctamente desde todos los puntos: científico, legislativo, autores, estructura del propio examen, sintaxis, ortografía, etc.

Muchas veces nos han preguntado por el conocimiento de los tribunales, si están al día, etc. Nuestra respuesta ha sido siempre la misma: "sabrán más o menos de cada uno de los veinticinco temas, lo leerán con más o menos detenimiento, pero seguro que lo que más saben es corregir escritos porque lo hacen a diario en sus aulas, de ahí que debamos prestar la máxima atención a estos aspectos formales". Para ello añadimos al final una hoja-tipo.

Completamos este primer capítulo con una tabla de planificación semanal que debemos hacer desde un principio para "obligarnos" y seguirla con disciplina espartana, si de verdad queremos tener éxito.

b) Por otro, el Tema 10 totalmente actualizado a fecha de hoy. La persona opositora debe, una vez conozca el volumen de contenidos que es capaz de escribir, hacer un resumen equitativo de cada punto y "cuadrarlo" a su capacidad grafomotriz. A partir de aquí, a estudiarlo... pero escribiéndolo ya que la nota nos la van a poner por lo que escribamos y cómo expresemos esos contenidos. Pero, si en la comunidad donde nos examinemos, el escrito hay que leerlo al tribunal, de nuevo lo haremos, cuanto antes mejor, para ensayar la lectura y que determinadas palabras no se nos "atraganten".

CRITERIOS DE CORRECCIÓN Y EVALUACIÓN QUE SIGUEN LOS TRIBUNALES

Consideramos imprescindible saber **previamente** cómo nos va a evaluar el Tribunal para realizar el examen con respecto a los ítem que va a tener en cuenta. Aportamos varios **modelos** que han transcendido y que, básicamente, se diferencian en la **formulación** de las consideraciones y en su valoración, no en el **fondo**.

CRITERIOS DE EVALUACIÓN EN ANDALUCÍA.

La Consejería de Educación de la Junta de Andalucía informa a los sindicatos, en mayo de 2007, sobre un "borrador" de criterios de evaluación para el "Concurso Oposición al Cuerpo de Maestros 2007". Posteriormente, como pudimos comprobar esa convocatoria y las siguientes, estos criterios se hicieron "firmes".

Transcribimos literalmente los cinco puntos a considerar sobre el tema escrito:

CRITERIOS GENERALES TEMA ESCRITO

Estructura del tema.

a) Presenta un índice.
b) Justifica la importancia del tema.
c) Hace una introducción del mismo.
d) Expone sus repercusiones en el currículum y en el sistema educativo.
e) Elabora una conclusión acorde con el planteamiento del tema.

Contenidos específicos.

a) Adapta los contenidos al tema.
b) Secuencia de manera lógica y clara sus apartados.
c) Argumenta los contenidos.
d) Profundiza en los mismos.
e) Hace referencia al contexto escolar.

Expresión.

a) Muestra fluidez en la redacción.
b) Hace un uso correcto del lenguaje, con una buena construcción semántica.
c) Emplea de forma adecuada el lenguaje técnico.

Presentación.

a) Presenta el escrito con limpieza y claridad.
b) Utiliza un formato adecuado teniendo en cuenta el apartado 4 del artículo 7.4.1. de la Orden de 24 de marzo de 2007, BOJA nº 60 del 26/03/2007.
Nota: Se refiere a aspectos formales tales como no firmar el examen, entregarlo en un sobre con etiquetas, etc.

Bibliografía/Documentación.

a) Fundamenta los contenidos con autores o bibliografía.
b) Sitúa el tema en el marco legislativo pertinente.

La Consejería de Educación de la Junta de Andalucía informa a los sindicatos, en **junio de 2015**, sobre los criterios de evaluación para el "Concurso Oposición al Cuerpo de Maestros 2015". Transcribimos literalmente los cuatro puntos a considerar sobre el tema escrito:

CRITERIOS GENERALES A TENER EN CUENTA EN LA CORRECCIÓN DEL TEMA ESCRITO (JUNIO 2015).

1. Estructura del tema.

a) Secuencia de manera lógica y clara cada uno de los apartados del tema
b) Expone con claridad

2. Contenidos.

a) Argumenta y justifica científicamente los contenidos
b) Conoce y tarta con profundidad el tema
c) Realiza una transposición didáctica de la teoría expuesta a la práctica
d) Fundamenta los contenidos con autores y bibliografía que realmente hagan referencia al contenido en cuestión, así como a la normativa vigente

3. Expresión.

a) Redacta con fluidez
b) Usa correctamente el lenguaje y presenta una adecuada construcción sintáctica
c) Usa con propiedad el lenguaje técnico específico de la especialidad
d) No se aprecian divagaciones, reiteraciones, etc.

4. Presentación.

a) El ejercicio es legible: no hay que estar deduciendo qué quiere decir ni traduciendo el texto
b) Se observa limpieza y claridad en el ejercicio
c) Usa un formato adecuado

CRITERIOS GENERALES A TENER EN CUENTA EN LA CORRECCIÓN DEL TEMA ESCRITO
(Comunidad de Castilla-La Mancha)

Los criterios de evaluación del tema escrito (Comunidad de Castilla-La Mancha), que tuvieron los tribunales en cuenta en la convocatoria de 2007 y que fueron establecidos por la Comisión de Selección de la Especialidad de Educación Física, son:

CRITERIOS PARA EVALUAR EL TEMA ESCRITO. PARTE "A"	Puntuación
1.- Introducción, justificación, índice y mapa conceptual.	(MÁXIMO 1,5 puntos)
2.- Contenidos específicos	
2.1.- Trata todos los epígrafes del tema. 2.2.- Adecuación de los contenidos al tema. Los contenidos se ajustan al tema. 2.3.- Profundización de los mismos. 2.4.- Organización lógica y clara en cada punto. Atendiendo al índice. 2.5.- Argumentación de los contenidos. 2.6.- Referencia al contexto escolar. 2.7.- Relaciona con otros temas del currículum. 2.8.- Originalidad y creatividad en el tema.	(MÁXIMO 6,5 puntos)
3.- Bibliografía	
3.1.- Bibliografía específica del tema. Cita autores y hace referencias bibliográficas. 3.2.- Aspectos legislativos. Hace referencia a la legislación nacional y autonómica.	(MÁXIMO 0,75 puntos)
4.- Conclusión y valoración personal	(MÁXIMO 0,75 puntos)
5.- Aspectos formales. Presentación, estructura, organización, uso de vocabulario técnico.	(MÁXIMO 0,5 puntos)
6.- Errores	
a. Divagaciones b. Faltas de ortografía c. Errores garrafales	SE VALORARÁ NEGATIVAMENTE POR PARTE DEL TRIBUNAL
Total	10 Puntos.

OTROS CRITERIOS GENERALES A TENER EN CUENTA EN LA CORRECCIÓN DEL TEMA ESCRITO

Otros tribunales siguieron unos criterios de evaluación del examen escrito como los que ahora reflejamos:

		CRITERIOS PARA EVALUAR EL TEMA ESCRITO	
1		Introducción, índice y mapa conceptual	Máximo 1 punto
2		Nivel de contenidos	Máximo 5 puntos
	2.1.	Trata todos los epígrafes del tema	
	2.2.	Los contenidos se ajustan al temario	
	2.3.	Relaciona con otros temas del curriculum	
	2.4.	Hace referencia a la legislación nacional y autonómica	
	2.5.	Cita autores y/o referencias bibliográficas	
3		Aspectos formales: presentación, estructura, organización, vocabulario y ortografía	Máximo 3 puntos
4		Conclusión, valoración personal y bibliografía	Máximo 1 punto

Esta tabla tuvo su origen en la Convocatoria de Castilla La Mancha hace unos años. Sus criterios siguen vigentes.

Cuadro resumen de los Criterios de Evaluación	Temas A
1.- Contenidos específicos a. Adecuación de los contenidos al tema. b. Profundización de los mismos. c. Organización lógica y clara en cada punto (Índice). d. Argumentación de los contenidos. e. Referencia al contexto escolar. f. Originalidad y creatividad en el tema.	2,75 puntos
2.- Introducción y conclusión a. Justificación de la importancia del tema. b. Repercusiones en nuestra área y en el Sistema Educativo. c. Buena introducción del tema. d. Conclusión.	0,5 puntos
3.- Expresión a. Fluidez del discurso. b. Buena redacción, sin errores sintácticos, redundancias... c. Uso del lenguaje técnico.	1 puntos
4.- Presentación a. Limpieza y claridad. b. Formato con variedad de recursos (gráficos, sangrías, diferenciación entre títulos, subtítulos, contenidos, esquema, etc.)	0,5 puntos
5.-Bibliografía a. Bibliografía específica del tema. b. Aspectos legislativos.	0,25 puntos
Penalizaciones a. Divagaciones b. Faltas de ortografía c. Errores garrafales	A restar según criterio del propio tribunal
Totales	5 Ptos.

En **2013**, la Convocatoria de Primaria en **Castilla-La Mancha** incluían estos **criterios**:

PARTE 1B *DESARROLLO DE UN TEMA DE LA ESPECIALIDAD*	PESO ESPECÍFICO
1. Estructurar el tema de forma coherente, secuenciada, justificada y equitativa con todos los apartados.	25%
2. En relación a los contenidos desarrollados, responder al tema planteado, adaptándose al currículum, con aportaciones teórico-prácticas, siendo funcional para la práctica docente.	40%
3. Ser original y creativo en el desarrollo del tema, estableciendo conexiones con otros contenidos del currículum, con aportaciones personales fundamentadas que revelan la creación propia e inédita del mismo.	15%
4. El tema será afín a unas bases teóricas, a una fundamentación científica de la que parte el currículum, al tiempo que aporta ideas nuevas.	5%
5. Mostrar una lectura fluida y comprensible, con una actitud transmisora y un desarrollo expositivo que se ciñan al tema.	15%

En la Convocatoria de **Secundaria** de **Andalucía** de **2016**, los criterios o "indicadores" a tener en cuenta por los tribunales para el examen escrito, son:

INDICADORES

• ESTRUCTURA DEL TEMA:

- Índice (adecuado al título del tema y bien estructurado y secuenciado).
- Introducción (justificación e importancia del tema).
- Desarrollo de todos los apartados recogidos en el título e índice.
- Conclusión (síntesis, donde se relacionan todos los apartados del tema).
- Bibliografía (cita fuentes diversas, actualizadas y fidedignas).

• EXPRESIÓN Y PRESENTACIÓN:

- Fluidez en redacción, adecuada expresión escrita: ortografía y gramática.
- Riqueza y corrección léxica y gramatical (IDIOMAS).
- Limpieza y claridad.

• CONTENIDOS ESPECÍFICOS DEL TEMA:

- Nivel de profundización y actualización de los contenidos.
- Valoración o juicio crítico y fundamentado de los contenidos.
- Ilustra los contenidos con ejemplos, esquemas, gráficos...
- Secuencia lógica y ordenada.
- Uso correcto y actualizado del lenguaje técnico.

CONSEJOS SOBRE CÓMO ESTUDIAR LOS TEMAS. ESTRATEGIAS.

Exponemos una serie de consejos que solemos dar a nuestros opositores:

- Cada uno tiene un "método" que ha experimentado durante su vida de estudiante, sobre todo a nivel universitario, de ahí que nuestra influencia sea relativa. No obstante, muchos nos reconocen que "*nunca hemos estudiado en profundidad hasta comenzar a prepararnos las oposiciones*".

- Reconocemos que hay **múltiples** formas de estudio. Hemos tenido opositores que necesitaban estar tumbados, otros sentados y en total silencio, otros tenían que tener forzosamente una tenue música de fondo, etc. Es decir, existen muchas maneras con más o menos **dependencia/independencia** de **campo**.

- Unos precisan **luz** natural, otros luz blanca o azul, con flexo cercano o con la de la lámpara del techo…

- Hay quien prefiere estudiar a base de **resúmenes** hechos en un procesador de textos y otros, en cambio, tenían que estar a mano.

- Muchos prefieren **grabar** verbalmente los contenidos para reproducirlos cuando viaja, corre, nada o anda y así aprovechar estos "tiempos muertos".

- Otros requieren **gráficos** y mapas conceptuales. Incluso, hemos tenido los que preferían hacer un póster-esquema y colgarlo a la pared para leerlo de pie…

- Otro grupo lo conforman aquellos que prefieren subrayar o señalar los puntos clave con rotulador marcador tipo fluorescente, otros a lápiz... Eso sí, lo señalado debe tener encadenamiento o cohesión interna para verterlo, ya redactado, en el examen, de ahí que **debamos estudiar escribiendo**, porque el examen escrito trata de ello.

- Debemos usar bolígrafos de gel por ser más rápidos en su trazo y papel tamaño A4, que es el que nos van a proporcionar el día del examen. Ojo a los tipos de **bolígrafos permitidos** por los tribunales, debemos estar muy atentos a lo que nos dicen el día de la **presentación**. Independientemente de ello, debemos acostumbrarnos a poner el folio directamente sobre la superficie dura de la mesa, ya que así la velocidad de escritura es superior que si lo situamos encima de otros folios porque éstos hacen que el espacio de apoyo nos frene por ser más blando. Un **reloj** para controlarnos los tiempos es imprescindible también.

- En cualquier caso, no sería bueno estudiar más de dos horas seguidas, sobre todo si estamos sentados. Ello, normalmente, acarrea contracturas dorso-lumbares, en los miembros inferiores, etc. con el consiguiente dolor y molestia. Lo mismo podemos decir a nivel de nuestra visión.

- Realizar **actividad física o deportiva** varias veces a la semana es muy aconsejable por simple razón de compensación y revitalización personal.

- Es bueno, pues, cada dos horas aproximadamente, hacer un **alto horario** de 8-10 minutos para despejarnos mentalmente y estirarnos físicamente. Beber **agua** y la ingesta de **fruta** suele ser positivo. Esto es extensible al día del examen de la oposición.

- No obstante, si la convocatoria nos dice que el escrito durará más de este tiempo, debemos paulatinamente aumentar las dos horas hasta llegar al **tope** marcado.

- Siempre recomendamos realizar una **planificación** semanal personalizada, que regule nuestro **tiempo** destinado al estudio (avance y repaso de los temas del escrito, casos prácticos, exposición oral), al trabajo, deporte, ocio, obligaciones familiares, etc. Ver tabla/ejemplo en la página siguiente.

- **¿Cuánto tiempo dedicar al estudio?** No podemos dar "recetas" pues depende del nivel previo de cada opositor. Hay quien trae excelentes aprendizajes previos de la carrera y hay quien ese nivel lo trae demasiado básico. Otros ya tienen experiencias en oposiciones, etc. Así pues cada uno debe auto regularse en función de sus capacidades y sus circunstancias personales. Genéricamente podemos indicar que, al menos, 4-6 horas/día divididas por un descanso de 10-15 minutos puede ser un estándar adecuado. A partir de ahí, personalizar en función del avance o no obtenido.

- Siempre debemos tener un "**molde personal**" en función de la capacidad grafomotriz, habida cuenta el **ahorro** de tiempo y energía que nos supone seguir esta estrategia.

- De cualquier forma, debemos respetar el dicho popular "*lo que no se recuerda, no se sabe*", de ahí **memorizar comprensivamente** lo más significativo.

- La **memoria**, al igual que ocurre con la condición física, se mejora ejercitándola con frecuencia.

- Tan importante es memorizar un tema nuevo como no olvidar los ya aprendidos, por lo que es necesario **consolidar**, repasando, lo estudiado. Comprobar que dominamos temas anteriores mejora nuestra capacidad de auto concepto.

- De ahí la importancia de estudiar teniendo delante nuestro **resumen personalizado** y olvidarnos de aumentar los contenidos del tema porque, además de crearnos inquietudes, posiblemente no podamos reflejar todo lo que sabemos en el tiempo que tenemos de examen.

Mostramos en el siguiente **gráfico** un claro y rápido ejemplo de cómo auto planificarse el estudio durante la semana a partir de tres **módulos** diarios:

EJEMPLO DE PLANIFICACIÓN SEMANAL-TIPO
Combinación de estudio-repaso-programación-UU.DD.-prácticos-trabajo profesional-descanso

LUNES MAÑANA	MARTES MAÑANA	MIÉRCOLES MAÑANA	JUEVES MAÑANA	VIERNES MAÑANA	SÁBADO MAÑANA	DOMINGO MAÑANA
TRABAJO	Estudio tema nuevo semana	TRABAJO	Repaso tema nuevo	TRABAJO	Casos Prácticos	Libre
TRABAJO	Estudio tema nuevo semana	TRABAJO	Programación	TRABAJO	Casos Prácticos	Libre
TARDE	**TARDE**	**TARDE**	**TARDE**	**TARDE**	**TARDE**	**TARDE**
Estudio tema nuevo semana	Programación	Repaso temas anteriores	UU. DD.- U.D.I.	Sesión de clase con preparador	Repaso temas anteriores	Repaso temas anteriores

RECOMENDACIONES PARA LA REALIZACIÓN DEL EXAMEN ESCRITO. ESTRATEGIAS.

NOTA: Muchos de los consejos que ahora damos, sobre todo los relacionados con la presentación, escritura, etc. son también aplicables a la realización por escrito de los casos prácticos, si los hubiera.

En las convocatorias anteriores se ha comprobado que la mayoría de aprobados en el examen escrito tenían **buena letra**, además de contenidos notables. Efectivamente, entre los criterios de evaluación que utilizan los tribunales hay algunos puntos destinados a la **presentación** que no podemos desechar. Incluso, si la Orden de la Convocatoria indica que el opositor deberá **leer** su propio **examen** ante el tribunal, éste suele comprobar posteriormente su estructura, sintaxis, ortografía, etc.

No llegar a tiempo a los llamamientos supone la primera **precaución** a tomar. En ocasiones, las instalaciones donde se celebran las oposiciones se ven saturadas desde varios kilómetros antes de llegar. A ello hay que sumar el tiempo para aparcar, buscar el aula asignada, etc. **Llegar tarde** puede suponer la **no presentación** y la consiguiente **eliminación**.

Gracias a las observaciones hechas por los tribunales de años anteriores y por los criterios de evaluación que han transcendido, estamos en disposición de apuntar una serie de anotaciones a considerar por las personas opositoras durante su periodo de preparación con nosotros. Habitualmente los tribunales reservan parte de la nota total para los **aspectos "formales"** del examen, que ahora comentamos. Esto es de vital importancia porque dos opositores con igual cantidad y calidad de contenidos, sacará mejor nota quien mejor lo presente. Ante ello, reservar algunos minutos para poder **revisar** el examen antes de entregarlo, teniendo en cuenta lo siguiente:

- Nadie aprueba con **mala letra**. Igual decimos de la presentación y limpieza.
- Esto lo hacemos extensivo a las faltas de **ortografía**, acentuación, mala **sintaxis**, incorrecciones **semánticas**, **expresión** y **redacción**, **vulgarismos**, **repetir la misma palabra** continuadamente, **tachones**, suciedad, etc. No podemos "escribir igual que hablamos". También, no poner el número del tema elegido o su título. Otro error habitual es el mal uso de los puntos, bien seguido, bien aparte.
- Debemos escribir por **una carilla** -al menos que el tribunal indique otra cosa- con letra más bien grande para facilitar su lectura. No poner detalles como "no recuerdo..."; "creo que..."; "no me da tiempo..."; "me parece que es...".
- La **media** de **folios** (carillas o páginas) que suelen hacer nuestros preparados están entre **14 y 16**, con **17-22 renglones** cada una (20 lo habitual) y **9 palabras/renglón**, teniendo en consideración unos **márgenes laterales** y **superior e inferior** de 2 a 2'5 centímetros. No obstante, conforme avanza la preparación y la habilidad para escribir este tipo de examen, hay quien aumenta el volumen de páginas de manera significativa, pero siempre manteniendo y respetando los criterios de evaluación que suelen tener los tribunales: letra, limpieza, construcción semántica, ortografía, etc. Si preferimos escribirlo en un procesador de textos, como puede ser "Word", el número de palabras suele estar alrededor de las 2400-2700, aproximadamente.
- Los **renglones** deben ser **paralelos** y siempre con el mismo **interlineado**. En caso de tener problemas para hacerlo, podemos llevarnos una **plantilla** ya hecha, como una hoja tamaño folio de cuaderno de rayas, o bien hacerla allí

mismo con lápiz y regla. Si tampoco pudiese ser (a veces los tribunales han hecho especial hincapié en "no entrar con plantilla, regla, etc."), nos esmeraríamos en la realización de la primera página, aunque tardásemos más tiempo, y ésta nos serviría como "falsilla" o planilla de renglones. Otro "**truco**" es hacerla a partir del **DNI** al que previamente le hemos hecho unas señales minúsculas con la anchura que deseamos. Éste nos sustituiría a la regla.

- No se puede ser "loco o loca" escribiendo. Para ello es importante el **entrenamiento** durante el periodo de preparación. De ahí surge la **automatización** de todos estos aspectos, además del sangrado, márgenes, etc. No poner abreviaturas.
- Por otro lado debemos **numerar** las hojas, incluso algunos lo hacen poniendo "1 de 15; 2 de 15…".
- La utilización de **dos colores** de tinta **no** suele estar **permitido**, como tampoco subrayados para señalizar los títulos, epígrafes, ideas fundamentales, etc., al menos que el tribunal exprese lo contrario. En todo caso, **preguntar** al tribunal antes de empezar si es posible su uso, así como de tippex. También si se pueden poner gráficos, flechas, tablas, etc., si el tribunal lo permite, pero la Orden de la Convocatoria suele prohibirlo por considerarlo posible "**señal**". Un **bolígrafo** tipo **gel** y apoyarnos sobre un **superficie dura** para que éste se deslice mejor, nos permite mayor velocidad de escritura manteniendo su calidad. Quienes suelen hacer tachaduras, previendo que no les dejen usar tippex, pueden optar por un **bolígrafo borrable por fricción** (marca Pilot o similar) que elimina cualquier rastro de su propia tinta. No obstante, determinados "bolígrafos rápidos" que se basan en tinta tipo gel, suelen ser peor para opositores **zurdos**, por razones obvias. Recordamos la necesidad de seguir exactamente las **instrucciones** que nos dé el tribunal al respecto, habida cuenta tenemos experiencias sobre la **anulación** de exámenes por el uso de este tipo de herramienta de escritura.
- No olvidemos que la mayoría de los títulos de los temas tienen tres puntos, por lo que debemos **dividir** la totalidad de materia que escribamos en tres partes similares. De esa forma, evitamos exponer mucho contenido de una parte en perjuicio de otra. Así pues, normalmente haremos tres puntos con varios sub-puntos cada uno buscando la conexión entre los mismos. Además, pondremos el **índice** al principio, tras el título, **introducción**, **conclusiones**, **bibliografía** -que incluye la legislación- y webgrafía. En **resumen**, queda muy bien, limpio y "amplio", la estructuración del examen de esta manera:

    - **Título** del Tema. 1ª página. Mayúsculas y en una única página.
    - **Índice**. 2ª página. En una sola página.
    - **Introducción**. 3ª y 4ª página. Debe tener cierta peculiaridad con objeto de atraer la curiosidad del corrector. Nombrar los descriptores del título y en cada uno dar una o dos referencias del mismo. Podemos "presentarlo" a través de su importancia en el currículo y citar sus referencias legislativas. Usar, preferentemente, dos páginas.
    - **Apartados o descriptores** y los sub-apartados. 5ª página. Es el eje alrededor del cual gira la nota relativa a los contenidos. Incluye definiciones, clasificaciones, teorías, líneas metodológicas, referencias curriculares, aplicaciones prácticas, actividades, etc., todo ello citando a autores y normativa que luego quedarán reflejados en la bibliografía, pero con una redacción técnica. En cualquier caso debemos marcar claramente cuándo finalizamos el primer punto y comenzamos el siguiente. Si somos "olvidadizos", podemos dejar un interlineado relativamente amplio por si nos acordamos después de algún detalle olvidado y deseamos incorporarlo sin tachones.

- **Conclusiones**. Lo más notable que hemos tratado, los puntos clave. Al ser lo último que el corrector lee, deben estar muy cuidadas porque puede influir decisivamente en la nota.
- **Bibliografía**. Reseñar algún libro "comodín" y de los autores nombrados anteriormente. También la legislación significada.
- **Webgrafía**. Alguna general, como revistas digitales, o específica.

En cualquier caso, es **imprescindible** conocer los **criterios de evaluación** que van a seguir los tribunales, máxime si son públicos, como viene ocurriendo en varias comunidades autónomas, y en Andalucía de forma más concreta, tal y como hemos citado en el capítulos anteriores. Debemos, pues, hacer caso de ellos y citar o desarrollar todos los **aspectos** que los criterios mencionan.

Precisamente, el tiempo no lo podemos "regalar" ni despreciar, por lo que si terminamos el examen y aún quedan cinco o diez minutos, debemos **repasar** lo escrito por si se nos ha olvidado algo relevante o no hemos puesto la debida atención a las faltas gramaticales, sesgos sexistas, escritura con "códigos SMS", etc. Así pues, debemos agotar el tiempo subsanando cualquier error.

Si la preparación ha sido buena, nada más hacerse el sorteo de los temas, debemos decidirnos por uno. Inmediatamente nos concentramos y empezamos a desarrollarlo, porque debemos ya tener "**automatizada**" su escritura. Si empezamos a dudar, comenzamos a perder el escaso tiempo que nos dan.

En caso de haber estudiado con "**esquemas**", lo mejor sería hacernos uno en sucio para usarlo como guía en la redacción del examen. Este folio nos sirve también para tomar notas, para ir estructurando el tema, etc. Pero, repetimos, la escritura del tema debemos tenerla automatizada porque si no perdemos el tiempo. Esta hoja la destruiríamos al terminar.

Si hemos preparado una introducción, conclusiones, bibliografía y webgrafía "estándar", podemos irlas escribiendo en el llamado "**tiempo perdido**" que suele haber desde que nos dan los folios hasta que sortean los números de los temas. Después podemos añadir los rasgos específicos del tema ya elegido.

Nuestros preparados suelen preguntarnos por la expresión a usar. Aconsejamos el "**plural mayestático**" (*nosotros, ahora vemos, podemos seguir, observamos*, etc.)

Otro aspecto importante es la **elección** del tema de entre los sorteados. Debemos hacer el que dominemos mejor, el que ya lo hayamos escrito muchas veces durante la preparación, el que nos garantice escribir más folios, en suma, el que nos dé más seguridad.

No olvidar llevarse **agua** y alguna pieza de **fruta**. Normalmente a finales de junio suele hacer mucho **calor** y la sensación de éste aumenta con la tensión del examen.

Ahora adjuntamos una **hoja con un resumen** de los **aspectos formales** del examen escrito del tema, aunque aplicable también a la redacción de los **casos prácticos**.

MODELO ESTÁNDAR DE PRESENTACIÓN PARA PRUEBA ESCRITA

2.- COORDINACIÓN Y EQUILIBRIO EN LA INICIACIÓN AL FÚTBOL ESCOLAR

2.1. CONCEPTUALIZACIONES PRELIMINARES.

Desde un primer momento es adecuado tener en cuenta que cualquier movimiento, por mínimo que sea, requiere coordinación y equilibrio adecuados. Por ejemplo, abrir y cerrar una mano conlleva que una serie de grupos musculares realicen (agonistas) la acción y que otros se relajen (antagonistas) para que aquéllos puedan actuar, así como que otros grupos estabilicen (fijadores) los de la muñeca para que lo anterior pueda tener lugar (Téllez, 2014).

La coordinación nos permite hacer lo pensado, es decir, realizar la imagen mental que nos hemos hecho, el esquema motor. Está íntimamente ligada a las habilidades y destrezas básicas a través de su relación con la coordinación dinámico general y la coordinación óculo-segmentaria, respectivamente (Mateos y Garriga, 2015).

Precisamente, las edades porpias de la Primaria son las más críticas para el desarrollo de las capacidades coordinativas (Bugallal, 2011).

Si nos fijamos atentamente en un partido de fútbol podemos observar numerosas acciones diferentes y que, mal hechas, pueden producir lesiones, como dejinses:

a) Carreras
b) Saltos
c) Giros
d) Lanzamientos

Todos ellos con infinidad de VARIANTES. Para que todos esos gestos "salgan bien" ~~havrá~~ habrá sido necesario un director que regule todos los mov. Esta es la función del sistema nervioso.

- 20 -

PARTES ESTÁNDARES A TODOS LOS TEMAS.

Muchas de las personas que preparamos tienen **problemas** por la falta de tiempo o de, simplemente, por ser poco capaces de aprender **introducciones, conclusiones, bibliografías, legislación y webgrafía** de cada uno de los temas.

Uno de los **remedios** para no "castigar" la memoria es confeccionarse unos "**estándares**" o "**comunes**" que den servicio a estos apartados.

Si a ello le unimos la racionalidad en la confección del Índice, a partir de los tres o cuatro apartados o descriptores del título del tema, hemos ahorrado un esfuerzo a nuestra memoria.

Así pues, vamos a dar una serie de **consejos** para que cada persona lectora los elabore de una forma sencilla pero eficaz unos textos usuales, si bien deberíamos a continuación podríamos **complementarlos** con unos **rasgos específicos** del tema que, prácticamente, nos vienen dado por el **título** del tema que nos escribirá el tribunal en la pizarra de la sala de examen. Por ejemplo, si la Introducción la hacemos en dos páginas, los aspectos comunes pueden suponer entre el 60-75 %, es decir, página y un tercio de la siguiente. Si la Conclusión la hacemos en una única, las tres cuartas partes podemos dedicarla a los textos estandarizados y el resto a los concretos del tema escrito.

INTRODUCCIONES COMUNES A TODOS LOS TEMAS

Cuando hemos hablado con los componentes de los tribunales, habitualmente nos indican que suelen fijarse en el "detalle" de si el opositor ha puesto desde el principio o no **referencias** a la **legislación actual**, debido a que suelen entender que cualquier tema debe redactarse **a partir** de las leyes educativas, decretos y órdenes que las desarrollan. Así pues, debemos hacer mención, **respetando su jerarquía**, de:

- Ley Orgánica 8/2013, de 9 de diciembre, para la mejora de la calidad educativa (LOMCE). B.O.E. nº 295, de 10/12/2013.
- Ley Orgánica 2/2006, de 3 de mayo, de Educación (LOE). B.O.E. nº 106 del 04/06/2006. (Modificada por la LOMCE/2013).
- Ley 17/2007, de 10 de diciembre, de Educación en Andalucía. B.O.J.A. nº 252, de 26/12/2007.
- M. E. C. (2014). *Real Decreto 126/2014, de 28 de febrero, por el que se establece el currículo básico de la Educación Primaria.* B. O. E. nº 52, de 01/03/2014.
- M.E.C. (2015). *Orden ECD/65/2015, de 21 de enero, por la que se describen las relaciones entre las competencias, los contenidos y los criterios de evaluación de la educación primaria, la educación secundaria obligatoria y el bachillerato.* B.O.E. nº 25, de 29/01/2015.
- JUNTA DE ANDALUCÍA (2015). *Decreto 97/2015, de 3 de marzo, por el que se establece la ordenación y el currículo de la educación Primaria en la comunidad Autónoma de Andalucía.* BOJA nº 50 de 13/013/2015.
- JUNTA DE ANDALUCÍA (2015). *Orden de 17 de marzo de 2015, por la que se desarrolla el currículo correspondiente a la educación Primaria en Andalucía.* BOJA nº 60 de 27/03/2015.

No obstante, entendemos que sería un buen detalle **citar** también a las **Competencias Clave**, habida cuenta su importancia a partir de la publicación de la LOE/2006, actualizada por la LOMCE/2013.

Igualmente podemos hacer mención a la legislación correspondiente a la evaluación o a la relacionada con la atención a la **diversidad**, pero tanto texto no nos cabe, de ahí la necesidad de **sintetizar** la información que consideremos más representativa.

Otra línea es plasmar alguna "**frase hecha**", como "*enseñar Educación física con éxito supone diseñar una programación coherente con el contexto, disponer de un amplio abanico de estrategias didácticas, generar un clima de clase que invite al aprendizaje, utilizar adecuadamente los recursos materiales y tecnológicos e integrar la evaluación en el proceso de aprendizaje*" (Blázquez y otros, 2010).

Otro ejemplo puede ser: "*Uno de los fines genéricos que persigue la Educación Física escolar es el de favorecer la ubicación personal del alumno/a en la sociedad, en una cultura corporal donde la escuela proporcione al alumnado los medios apropiados para su acceso y, en consecuencia, conseguir los beneficios que de ella pueden conseguir: desarrollo personal; equilibrio psicofísico; mejorar la salud; disfrutar del tiempo de ocio; etc., así como el desarrollo de la autonomía personal ante las influencias que imponen los nuevos mitos sociales*". "*El cuerpo y el movimiento como ejes básicos de nuestra acción educativa*"; "*el área de Educación Física se muestra sensible a los acelerados cambios que experimenta la sociedad…*"; "*la importancia de las relaciones interpersonales que se generan alrededor de la actividad física permiten incidir en la asunción de valores como el respeto, la aceptación, la cooperación…*", procedentes de legislaciones pasadas, pero de plena actualidad por la temática expresada.

Posteriormente, en la Introducción debemos hacer referencias a la materia que trata el tema elegido, lo que antes hemos referenciado como "rasgos específicos". Esto nos resulta fácil con un poco de práctica, simplemente comentando una o dos líneas a partir del título del tema que el tribunal detalla en la pizarra. No obstante, el sentido de lo que expresemos debe ir encaminado a lo que "vamos a tratar en el desarrollo del tema…"

CONCLUSIONES COMUNES A TODOS LOS TEMAS

Si en las introducciones se basan en lo que "vamos a estudiar en el tema…", con las Conclusiones ocurre al contrario: "a lo largo del tema hemos visto (escrito, estudiado, tratado, etc.) la importancia de…" Para ello podemos **actuar** como antes, es decir, un par de **párrafos comunes** a todas las temáticas. Por ejemplo, "la trascendencia del conocimiento del propio cuerpo, vivenciándolo y disfrutándolo, además de respetarlo". Otra posibilidad es incluir un párrafo basándonos en algunos ejemplos de estos textos **estandarizados**:

"*Todos los niños y niñas tienen el derecho a una educación de calidad que permita su desarrollo íntegro de sus posibilidades intelectuales, físicas, psicológicas, sociales y afectivas*" (Decreto 328/2010). "*Entendemos la etapa de primaria como fundamental para el desarrollo de las capacidades motrices del alumnado y donde el docente debe observar las deficiencias de éstos para corregirlas lo más rápidamente posible*".

En Andalucía, la O. 17/03/2015, indica que: "*la Educación Física es un área en la que se optimizan las capacidades y habilidades motrices sin olvidar el cuidado del cuerpo, salud y la utilización constructiva del ocio. En Educación física se producen relaciones de cooperación y colaboración, en las que el entorno puede ser estable o variable, para conseguir un objetivo o resolver una situación. La atención selectiva, la interpretación de las acciones de otras personas, la previsión y anticipación de las propias acciones teniendo en cuenta las estrategias colectivas, el respeto de las normas, la resolución de problemas, el trabajo en grupo, la necesidad de organizar y adaptar las respuestas a las variaciones del entorno, la posibilidad de conexión con otras áreas, el juego como herramienta primordial, la imaginación y creatividad*".

Posteriormente plasmamos algunos rasgos de lo más característico que hemos escrito durante la redacción del tema escogido. Realmente se trata de que destaquemos lo más trascendental de cada uno de los apartados de los descriptores del título, pero con información nueva, expresando que "a lo largo del tema hemos visto la importancia de..." o "hemos indicado en la redacción del tema los conceptos, clasificaciones, didáctica de...".

BIBLIOGRAFÍA COMÚN A TODOS LOS TEMAS

Hay quien diferencia **bibliografía** de **legislación**. Nosotros, al estar ambos documentos en formato papel, lo **unificamos**.

Evidentemente cada tema tiene una serie de volúmenes principales o monográficos de apoyo, pero también está muy claro que hay una serie de **libros generales de didáctica** que vienen muy bien tenerlos en cuenta para ponerlos en la mayoría de los temas. Son las publicaciones que habitualmente se manejan en las facultades de Magisterio. Los tribunales suelen valorar más ediciones de los **últimos años**, aunque siempre habrá libros "clásicos", sobre todo las **monografías** de conocidos autores y que son muy **específicas** de los **temas**. Por ejemplo, Delgado Noguera en temas relacionados con la metodología y organización; Blázquez con evaluación y con la iniciación deportiva; Rigal en motricidad, etc.

Algunos ejemplos de bibliografía **común**, es decir, libros que prácticamente en su totalidad tratan **todas** las **materias** de los veinticinco temas, son:

ADAME, Z. y GUTIÉRREZ DELGADO, M. (2009). *Educación Física y su Didáctica. Manual de Programación*. Fondo Editorial de la Fundación San Pablo Andalucía CEU. Sevilla.

ARRÁEZ, J. M.; LÓPEZ, J. M.; ORTIZ, Mª M. y TORRES, J. (1995). *Aspectos básicos de la Educación Física en Primaria. Manual para el Maestro*. Wanceulen. Sevilla.

BLÁZQUEZ, D.; CAPLLONCH, M.; GONZÁLEZ, C.; LLEIXÁ, T.; (2010). *Didáctica de la Educación Física. Formación del profesorado*. Graó. Barcelona.

CAÑIZARES, J. Mª y CARBONERO, C. (2009). *Currículum de Educación Física en Primaria para Andalucía*. Wanceulen. Sevilla.

CAÑIZARES, J. Mª y CARBONERO, C. (2009). *Currículum de Educación Física en Primaria*. Wanceulen. Sevilla.

CHINCHILLA, J. L. y ZAGALAZ, M. L. (2002). *Didáctica de la Educación Física*. CCS. Madrid.

CONTRERAS, O. R. y GARCÍA, L. M. (2011). *Didáctica de la Educación Física. Enseñanza de los contenidos desde el constructivismo*. Síntesis. Madrid.

CONTRERAS, O. y CUEVAS, R. (2011). *Las Competencias Básicas desde la Educación Física*. INDE, Barcelona.

FERNÁNDEZ GARCÍA, E. -coord.- (2002). *Didáctica de la Educación Física en la Educación Primaria*. Síntesis. Madrid.

FERNÁNDEZ GARCÍA, E. -coord.- CECCHINI, J. A. y ZAGALAZ, Mª L. (2002). *Didáctica de la educación física en la educación primaria*. Síntesis. Madrid.

GALERA, A. D. (2001). *Manual de didáctica de la educación física. Una perspectiva constructivista moderada.* Vol. I y II. Paidós. Barcelona.

GIL MORALES, P. (2001). *Metodología didáctica de las actividades físicas y deportivas*. Fundación Vipren. Cádiz.

SÁENZ-LÓPEZ, P. (2002). *La Educación Física y su Didáctica*. Wanceulen. Sevilla.

SÁNCHEZ BAÑUELOS, F. (1996) *Bases para una Didáctica de la Educación Física y los Deportes*. Gymnos. Madrid.

SÁNCHEZ BAÑUELOS, F. y FERNÁNDEZ, E. -coords.- (2003). *Didáctica de la Educación Física para Primaria*. Prentice Hall.

SÁNCHEZ GARRIDO, D. y CÓRDOBA, E. (2010). *Manual docente para la autoformación en competencias básicas*. C.E.J.A. Málaga.

VICIANA, J. (2002). *Planificar en Educación Física*. INDE. Barcelona.

VILLADA, P. y VIZUETE, M. (2002). *Los Fundamentos teóricos-didácticos de la Educación Física*. Secretaría General Técnica del M. E. C. D. Madrid.

VV. AA. (2008). *Colección de manuales de atención al alumnado con necesidades específicas de apoyo educativo*. (10 volúmenes). C. E. J. A. Sevilla.

ZAGALAZ, Mª L.; CACHÓN, J.; LARA, A. (2014). *Fundamentos de la programación de Educación Física en Primaria*. Síntesis. Madrid.

Esta relación, o parte de ella, no debe aparecer en exclusiva. Antes que nada debemos recordar que es muy conveniente **reseñar autores y año** de publicación **durante** la **redacción** de los diversos apartados o descriptores. Esto, obviamente, nos obliga a incluirlos en la bibliografía "específica" de cada tema. Por ejemplo, en los temas relacionados con la psicomotricidad (7 – 9 – 10 – 11) recomendamos citar a:

RIGAL, R. (2006). *Educación motriz y educación psicomotriz en Preescolar y Primaria*. INDE. Barcelona.

SASSANO, M. (2015). *El cuerpo como origen del tiempo y del espacio. Enfoques desde la Psicomotricidad*. Miño y Dávila editores. Buenos Aires.

TAMARIT, A. (2016). *Desarrollo cognitivo y motor*. Síntesis. Madrid.

Hay una serie de **documentos legislativos** "obligatorios" porque, entre otras cosas, los hemos debido referir en el examen escrito. Además, debemos reseñar otros **específicos** de los temas. Por ejemplo, si tratamos la "evaluación", debemos anotar la Orden de 4 de noviembre de 2015, por la que se establece la ordenación de la evaluación del proceso de aprendizaje del alumnado de educación Primaria en la Comunidad Autónoma de Andalucía.

La legislación general ya la hemos indicado en el apartado anterior sobre "Introducciones comunes", aunque referida a Andalucía. **Cada persona opositora debe adecuarla a la comunidad autónoma donde se presente.**

WEBGRAFÍA COMÚN A TODOS LOS TEMAS

Hoy día muchas de nuestras fuentes consultadas se encuentran en **Internet**, de ahí que debamos señalar algunas **webs fiables**. Nos inclinamos por revistas electrónicas de prestigio en la didáctica general y en la educación física en particular, así como a los portales de las propias **consejerías** de educación de la comunidades autónomas. Todas ofrecen recursos didácticos, experiencias... y legislación aplicada.

Algunos ejemplos, son:

http://www.agrega2.es
http://recursos.cnice.mec.es/edfisica/
http://www.ite.educacion.es/es/recursos
http://www.educarm.es/admin/recursosEducativos#nogo
www.juntadeandalucia.es/educacion/descargasrecursos/curriculo-primaria/index.html
http://www.gobiernodecanarias.org/educacion/webdgoie/
http://www.educarex.es/web/guest/apoyo-a-la-docencia
http://www.catedu.es/webcatedu/index.php/recursosdidacticos
http://www.adideandalucia.es

TEMA 10

EVOLUCIÓN DE LAS CAPACIDADES MOTRICES EN RELACIÓN CON EL DESARROLLO EVOLUTIVO GENERAL. EDUCACIÓN SENSOMOTRIZ Y PSICOMOTRIZ EN LAS PRIMERAS ETAPAS DE LA INFANCIA.

INDICE

INTRODUCCIÓN

1. EVOLUCIÓN DE LAS CAPACIDADES MOTRICES EN RELACIÓN CON EL DESARROLLO EVOLUTIVO GENERAL.

    1.1. Evolución de las capacidades motrices.

    1.2. Desarrollo evolutivo general.

        1.2.1. Desarrollo biológico.

        1.2.2. Desarrollo fisiológico.

        1.2.3. Desarrollo psicológico.

2. EDUCACIÓN SENSOMOTRIZ Y PSICOMOTRIZ EN LAS PRIMERAS ETAPAS DE LA INFANCIA.

    2.1. La educación sensomotriz en las primeras etapas de la infancia.

    2.2. La educación psicomotriz en las primeras etapas de la infancia.

    2.3. Sensomotricidad y psicomotricidad en el Currículo de Primaria.

CONCLUSIONES

BIBLIOGRAFÍA

WEBGRAFÍA

INTRODUCCIÓN

El tratamiento en la evolución de las capacidades motrices nos lleva a observar varias **fuentes** (genética, psicología, medicina, psiquiatría, educación física, sociología, etc.), ya que el conocimiento y profundización en el estudio del desarrollo motor nos obliga a hacerlo, porque el progreso de la motricidad va parejo con el resto de componentes de la conducta humana y ésta la constituye una serie de **dominios**: afectivo, social, cognoscitivo y psicomotor (Gil, 2003).

El objetivo principal en el estudio del desarrollo motor es *"analizar el proceso evolutivo de la adquisición de la competencia motriz necesaria para poder tener una interacción eficaz con el medio, con objeto de que el individuo sea capaz de realizar un amplio abanico de actividades físicas"*. (Sánchez Bañuelos y Fernández -coor.-, 2003).

En la bibliografía especializada existen muchas taxonomías sobre las capacidades motrices, aunque para la mayoría éstas integran al conocimiento del propio cuerpo y la lateralidad, el conocimiento del espacio y del tiempo, la coordinación y el equilibrio.

Todo ello permite abordarlo a través de varias interpretaciones (Bottini, 2010). Nosotros veremos cómo es el desarrollo evolutivo general y las capacidades motrices, para después centrarnos en aspectos generales de la senso y psicomotricidad.

1. EVOLUCION DE LAS CAPACIDADES MOTRICES EN RELACION CON EL DESARROLLO EVOLUTIVO GENERAL.

La evolución psicomotriz de niñas y niños depende, sobre todo, de la maduración neurológica, pues el desarrollo de los órganos sensoriales corre paralelo al motor y es de evolución rápida. Éste parte de los movimientos básicos (postura, desplazamiento, manipulación de objetos, etc.) para llegar a las principales conductas motrices (marcha, carrera, saltos, recepción, lanzamiento, etc.), los cuales desencadenan y facilitan los movimientos más complejos propios de los juegos y deportes (Gil, 2003).

La **percepción del medio** que rodea al alumno, ya desde muy pequeño, le ayuda a construir esquemas mentales de su entorno más inmediato, su exploración será posible gracias al desarrollo del movimiento y conllevará la adquisición de capacidades que darán lugar al **desarrollo cognitivo** (Tamarit, 2016).

En relación al desarrollo evolutivo general observamos estos conceptos, tomando como referencia a García y Berruezo (2000), Gil (2003), Gutiérrez (2004) y Rigal (2006):

- **Crecimiento**
  Aumento gradual del organismo o sus miembros. Es un aspecto **cuantitativo** y muy relacionado con la edad cronológica del sujeto.

- **Maduración**
  Es la plenitud de las capacidades en general. Es un aspecto **cualitativo**. *"Es un proceso fisiológico genéticamente determinado, por el cual uno o varios órganos permite a la función por la cual es conocido, ejercerse libremente y con el máximo de eficacia"*. (Rigal, 2006)

- **Ambiente**
  Todo cuanto desde el exterior, de forma premeditada o accidental, puede influir en el proceso de desarrollo. Por ejemplo, el medio social, el grupo de amigos, la escuela, los medios de información, los recursos espaciales y materiales, etc.

- **Desarrollo**
  Cada uno de los cambios que el individuo soporta a lo largo de su vida. Término global que involucra a los aspectos cualitativos y cuantitativos anteriores.

- **Periodo Crítico**
  Cuando el órgano está sometido a fenómenos de hiperplasia o hipertrofia (Legido y otros, 2009).

Para dar respuesta a este punto veremos en **primer lugar** cómo van evolucionando las capacidades motrices y **después** cómo se produce el desarrollo evolutivo general.

1.1. EVOLUCIÓN DE LAS CAPACIDADES MOTRICES.

Las capacidades motrices (psicomotrices para algunos autores y psicomotrices básicas para otros), tienen numerosas clasificaciones en la bibliografía especializada. Las principales diferencias no radican en su fondo sino en los términos utilizados y en la traducción de éstos al castellano.

Entendemos a las **capacidades motrices** como "facultades que permiten el movimiento". Distinguimos a las habilidades perceptivo motrices (conocimiento del propio cuerpo, espacio y tiempo), por un lado, y a la coordinación y el equilibrio (capacidades coordinativas) por otro, aunque íntimamente ligadas por la acción del **sistema nervioso**.

Un alumno con gran conocimiento de su propio cuerpo, espacio y tiempo, pero con déficit en el equilibrio tendrá grandes dificultades para el juego y su deambulación en general.

La condición física (fuerza, velocidad, resistencia y flexibilidad) deben actuar durante la Etapa Primaria como **factor de ejecución** de la habilidad motriz, así como a la adquisición de hábitos responsable de actividad física regular (R.D. 126/2014).

a) **Habilidades Perceptivo Motrices.**

Son propias del comienzo de la etapa Infantil y han sido estudiadas, mayoritariamente, por la corriente psicomotriz. Tienen una estrecha analogía con los procesos cognitivos, sobre todo con la percepción (Oña, 2005). Vemos ahora sus componentes:

1.- **Esquema Corporal**.- Le Boulch (1986) lo define como *"intuición global o conocimiento inmediato de nuestro propio cuerpo, sea en estado de reposo o en movimiento, en función de la interrelación de sus partes y, sobre todo, de su relación con el espacio y los objetos que nos rodean"*. Este conocimiento se elabora a partir de las sensaciones (Rigal, 2006).

Su **evolución** se basa en las leyes "fundamentales" del desarrollo psicomotor. El desarrollo del cerebro consiste en una evolución progresiva del **centro a la periferia** o **tele encefalización** (Bueno, Del Valle y De la Vega, 2011):

- Ley Céfalo-Caudal. Se controlan antes las zonas corporales más próximas a la cabeza.
- Ley Próximo-Distal. Se gobiernan antes las partes más cercanas al eje corporal.
- Ley de Flexores-Extensores. Se desarrollan antes los músculos flexores.
- Ley de lo General a lo Específico. El desarrollo deriva de patrones generales de respuesta a patrones específicos.

En su **evolución** pueden determinarse tres grandes periodos:

- De 0 a 3 años: El niño no discrimina entre el yo y el mundo. Es importante el contacto con la madre para la estructuración de su propio **esquema corporal**. Amplía su relación con el mundo cuando camina, colaborando en ello sus sensaciones y las que le ofrecen vista y tacto. Su **esquema** corporal lo percibe por partes.
- De 3 a 7 años. Adquiere conciencia de sí mismo progresivamente diferenciándose de los demás. Aumenta la discriminación de sus percepciones. Va captando el yo como conjunto. Su lateralidad –izquierda o derecha– termina de afirmarse.
- De 7 a 11 años. Integra el **esquema corporal**. Es capaz de representar mentalmente su cuerpo en movimiento. Evidencia con más precisión la diferencia entre el yo y los objetos.

Los aprendizajes **básicos** escolares (grafismo, lectura y cálculo), están en íntima relación con el nivel de Esquema Corporal alcanzado (Rivadeneyra, 2003). Habitualmente se le reconocen los siguientes componentes: **conocimiento y control del propio cuerpo, actitud, respiración, relajación, equilibrio** y **lateralidad**, aunque estos apelativos no son iguales para todos los autores (ver Tema 11).

2.- **Lateralidad**. Es el predominio de un hemisferio cerebral sobre el otro y es un componente muy significativo del Esquema Corporal. Su proceso **evolutivo** se divide en cuatro fases, (Sassano, 2015):

- 1ª Fase: **Localización** (3 años).
- 2ª Fase: **Fijación** (4-5 años).
- 3ª Fase: **Desarrollo** (6-8 años)
- 4ª Fase: **Maduración** y **Ambidextrismo** (a partir de 8-10 años)

Para estudiar su **evolución** cronológica resumimos a Le Boulch (1986), Corpas y otros (1994), Conde y Viciana (2001), Pastor -coord.- (2007) y Sassano (2015):

- 3-4 meses, seguimiento con los ojos del movimiento de manos. Manotazos.
- 1 año, manipulación de objetos con la mano no dominante.
- 2 años, manipulación bilateral, preferencia lateral.
- 2-3 años, periodo de vacilación en las extremidades inferiores. Distingue las dos mitades corporales.
- 4 años, empieza a definir la lateralidad.
- 5 años, tiene conciencia que las extremidades ocupan los dos lados del cuerpo, pero no de su ubicación izquierda-derecha.
- 6-7 años, tiene conciencia que las extremidades del lado izquierdo y derecho se hallan en lados opuestos de su cuerpo.
- 7-8 años, toma los conceptos de izquierda-derecha sobre sí y los demás.
- 8-9 años, ya es consciente de los dos lados de su cuerpo, tomando como referencia el plano antero-posterior y el eje antero-posterior.
- 10 años, a partir de esta edad refuerza su lado "bueno" y puede empezar a probar su habilidad con el otro.

3.- Estructuración Espacial. Es la capacidad de distinguir y ubicar personas y objetos en un espacio tridimensional (Pastor, 1994). Su **evolución** va paralela a la maduración corporal y en ella destacamos a las siguientes fases (Conde y Viciana, 2001):

- 0-1 año. Su espacio se reduce al más próximo, donde desarrolla sus movimientos.
- 2-6 años. Desde las percepciones más primarias en dos dimensiones (topológicas), niñas y niños empiezan a apreciar distancias y a seguir acciones de dentro-fuera, encima-abajo, ordenación, continuidad, etc.
- 7-9 años. Aparece el espacio proyectivo que incorpora las nociones de perspectiva y proyección de objetos entre sí. Existe conciencia de las formas geométricas, de las agrupaciones y dispersiones. Ya calcula distancias y las simboliza.
- 10-12 años. Domina el espacio de tres dimensiones (relaciones euclidianas o métricas) al tomar conciencia de trayectorias y velocidades, aceleraciones y desaceleraciones. Descubre las operaciones geométricas de medición.

4.- Estructuración Temporal. Une a la percepción temporal su ajuste corporal correspondiente (Sassano, 2015). Durante la etapa primaria, niñas y niños irán pasando de la percepción temporal inmediata a la posibilidad de representar mentalmente estructuras rítmicas de complejidad creciente que constituyen el soporte de los aprendizajes motores con representación mental (Fernández García -coord-, 2002). En su **evolución** destacamos a:

- 0-2 años. El tiempo va asociado a las necesidades biológicas tales como sueño y hambre. Mañana, tarde o noche están en función de estos parámetros.
- 3 a 6 años. Empieza a comprender la noción de velocidad.

- 7 a 9 años. Se produce una disonancia entre el orden temporal y el espacial. También efectúa seriaciones.

- 10 a 12 años. Entiende las relaciones témporo-espaciales y las va dominando progresivamente.

5.- **Ritmo**. El ritmo viene dado por la **organización temporal** de las secuencias del movimiento. La ordenada sucesión de tiempos le confiere una de sus propiedades más sobresalientes: la distribución con un ritmo determinado. Ritmo es **orden y proporción** en el espacio y tiempo (Conde y Viciana, 2001).

Va **evolucionando** progresivamente con la edad, aunque también influye el tipo de aprendizaje que se realice. Desde pequeños (18 meses), utilizan su cuerpo para responder rítmicamente a la música. A los dos años responden al ritmo con pateos y balanceos. Hacia los cinco años coordina su propio ritmo con el musical. Un año más tarde, el ritmo corporal va más sincronizado con el de la música.

b) **Capacidades Motrices Coordinativas**.

1.- **Coordinación**. Torres (2005), la define como la "*capacidad del organismo para ejecutar una acción motriz controlada, con precisión y eficacia, sin realizar ningún gesto parasitario*". Durante el desarrollo infantil su **evolución** va ligada al desarrollo general. Los logros motores sucesivos son nuevas conquistas de formas de coordinar cada vez más complejas: marcha, carrera, salto, subir escaleras, etc. (López y Garó, 2004).

Para su **evolución** establecemos cuatro **fases**:

a) **Primeras edades**. Tras el nacimiento, el S.N.C. y la musculatura esquelética aún no tienen relación funcional. Será imprescindible el juego infantil para que niñas y niños vayan adquiriendo la madurez nerviosa y muscular necesaria para regular su propio cuerpo y acoplarlo con el espacio y sus objetos. Por ello, el buen nivel de esquema corporal será fundamental.

b) **Etapa Prepuberal**. Los movimientos se convierten más claros y orientados. Es el mejor momento para los ensayos motrices porque el S. N. está muy madurado.

c) **Etapa Puberal**. El crecimiento anatómico provoca desajustes motores, pero con la práctica se mejora sin gran dificultad, siempre y cuando se hayan cumplido las etapas anteriores. La condición física hace que las actividades de coordinación tengan mejor nivel de ejecución. Esto se hace extensible a la **adolescencia**.

d) **Etapa Adulta**. Hasta los 23-25 años, el grado de coordinación se mantiene, pero la degeneración orgánica hace que el nivel vaya deteriorándose.

2.- **Equilibrio**.

Bernal (2002), citando a Mosston (1986), establece que es la "*capacidad de asumir y sostener cualquier posición del cuerpo contra la ley de la gravedad*".

El dominio del equilibrio comienza hacia los doce meses, cuando el bebé se queda de pie por sus propios medios. A partir de los dos años y medio empieza a quedarse en equilibrio sobre un solo pie durante un segundo. Poco a poco lo va consiguiendo durante más tiempo, hasta lograr entre cuatro y ocho segundos a los cuatro años. Entre los cuatro y seis años aún tienen apuros para resolver problemas donde actúa el control del equilibrio, pero con la maduración del sistema nervioso, la equilibración mejora sensiblemente (Bueno, Del Valle y De la Vega, 2011).

Como fases **sensibles** para su avance, Martin (1982), citado por Hahn (1988), indica los 9-13 años, con incidencia superior entre los 10-12 años, ya que es cuando se produce la maduración de las áreas cerebrales relacionadas con la motricidad, si bien no todos los autores están de acuerdo. Otros bajan esa edad a los 5 años, prueba de ello es el nivel alcanzado por las niñas y los niños que hacen Gimnasia Artística y Rítmica.

Después de los 14 años se registran deterioros importantes en sujetos no entrenados, estabilizándose en los entrenados.

c) **Ejemplos concretos en la evolución de la capacidad motriz** (Rigal, 2006 y Gil Madrona -coord-, 2013).

Rodar, gatear y reptar

Estos esquemas motores aparecen en los primeros meses de vida, siendo el principal medio de desplazamiento antes de ser capaz de ponerse de pie. Estas habilidades van muy vinculadas a los procesos sensitivos.

Caminar

Tras ponerse de pie aparece el esquema motor de la marcha. Es una de las formas más naturales y básicas del comportamiento motor. Debemos evaluarlo para observar posibles retrasos en el desarrollo de nuestro alumnado. Al acabar la Etapa Infantil debe tener un excelente nivel de la marcha.

Correr

La progresiva adquisición del control sobre los movimientos permite que, posteriormente, al caminar, aparezca el esquema motor de correr. El control motor está limitado hasta los cinco o seis años por factores de tipo mecánico y neurológico. Cabe destacar que niñas y niños tienden a correr siempre al máximo de sus posibilidades.

Saltar

Es de mayor dificultad que los dos anteriores. La complicación de este esquema motor está en función de aspectos tales como la edad, desarrollo de los aspectos perceptivos y coordinativos, el esquema corporal... y la complejidad del salto.

Trepar

En la primera infancia tiene un componente más bien reflejo. Después es una gran fuente de recursos en la motricidad infantil, muchas veces es una "conquista" a base de valentía y desafío.

Coger, lanzar y golpear

En los primeros meses de vida la acción de coger y lanzar es de tipo reflejo. Con el crecimiento se vuelve consciente y voluntario. Los esquemas motores de estas acciones se desarrollan con los procesos coordinativos generales y están muy relacionados con la percepción y coordinación óculo-segmentaria.

1.2. DESARROLLO EVOLUTIVO GENERAL.

El desarrollo tiene lugar durante toda la **vida**, pero es en la niñez y adolescencia cuando los cambios ocurren más rápidamente, son más visibles y tienen mayor impacto para el futuro.

Estudiamos el desarrollo evolutivo general a través del desarrollo **biológico**, **fisiológico** y **psicológico**, aunque éste involucra al **cognitivo** y **emocional** y **social**. Para tratar este apartado y el siguiente resumimos a Oña (1987), Corpas, Toro y Zarco (1994), Ruiz Pérez (1994), Pérez-Santamarina, (1998), Gil (2003), Gutiérrez (2004), Ruiz Pérez (2005), Oña (2005), León (2006), Rigal (2006), Hernández Fernández (2008) y Gil Madrona -coord.- (2013).

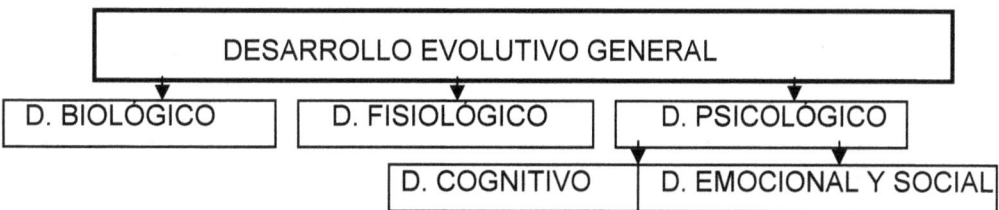

1.2.1. DESARROLLO BIOLÓGICO.

El crecimiento se produce en **periodos** con características propias y siguiendo un **ritmo personal**. Estas etapas han sido fijadas con bastante coincidencia por casi todos los autores dedicados al estudio de la evolución humana (Piaget, Wallon,...); y suponen formas normativas y diferenciales de comportamiento para todos los sujetos comprendidos en cada fase.

Los grandes momentos del crecimiento humano han sido divididos en numerosos periodos y subperiodos, según los autores a los que nos refiramos. En general, se entienden estas etapas:

a) **Período Prenatal**:

Fase **germinal** (dos primeras semanas desde la fecundación).

Fase **embrionaria** (2ª a 8ª semana).

Fase **fetal** (3º mes - nacimiento).

b) **Nacimiento y Período Postnatal:**

Maternal (0 a 2 años).   Adolescencia (15 a 18 años).

Infancia (2 a 5 años).   Juventud (18 a 25 años).

Niñez (5 a 10-11 años).   Madurez (25 a 60 años).

Pubertad (11/12 a 15 años).   Senectud (60 en adelante).

La **evolución** de los parámetros que se involucran en el crecimiento, son:

- **Talla**. El crecimiento disminuye con el nacimiento. Hasta los 8-10 años no hay diferencias entre chicos y chicas. Con la pubertad se adelanta el crecimiento en ellas.

- **Peso**. En el primer año el aumento es muy rápido, se triplica. A partir de los dos años el avance es continuo, de 2 a 2,5 kg. por año.

- **Crecimiento óseo**. Las fases son las siguientes: aparición de los centros de osificación (0-5 años), sustitución del cartílago por el tejido óseo (5-14 años), y fusión de las extremidades epifisarias (14-22 años).
- **Aumento de la musculatura**. El tono muscular aumenta, sobre todo, en el primer período postnatal. A los 6 años las fibras musculares son aún finas. La masa muscular aumenta progresivamente con la edad, hasta la pubertad, de manera uniforme en ambos sexos. Después se hace más significativa en los chicos.
- **Aparato cardiovascular**. Muestra un crecimiento regular y progresivo.
- **Aparato respiratorio**. Su crecimiento se realiza simultáneamente al desarrollo corporal general.
- **Sistema nervioso**. Muestra un crecimiento rapidísimo durante los primeros años de vida, aunque no ocurre lo mismo respecto a sus funciones. A los 9 meses del nacimiento el cerebro muestra un peso que alcanza el 50% del adulto. Aunque al final del segundo año se puede afirmar que, en esencia, está acabada la mielinización, aún quedan elementos, por lo que sobre los 6 años se considera finalizada, siendo posible las operaciones simples de coordinación sensomotriz en el tiempo y en el espacio.

1.2.2. DESARROLLO FISIOLÓGICO.

La bibliografía especializada la divide en cuatro periodos: sensorio-motor; preescolaridad; escolaridad y puberal-adolescencia.

a) Periodo sensorio-motor, (0 a 2 años).

- Los **estereotipos rítmicos** constituyen un paso intermedio entre los primeros automatismos y la motricidad voluntaria.
- El **dominio postural** se da una progresiva superación de la postura fetal flexionada y una sustitución de la extensión refleja por la voluntaria. Junto a la posición erecta, se irán dominando cada vez más posturas (sentado, de rodillas, cuclillas...).
- La **autopercepción**. La "nebulosa" perceptiva del nacimiento cede a una creciente matización conceptual del mundo, que sólo empieza a hacerse densa más adelante, en las cercanías de la escolaridad. Las primeras percepciones son globales e indiferenciadas, hasta que comienza a observar el *"primer diferencial autoperceptivo"*: su mano, a partir de ahí comenzará a construir una percepción de su cuerpo diferenciado sus segmentos.
- La **dominancia lateral** no se manifiesta claramente en este período.
- En cuanto al **desplazamiento**, cuyas primeras formas se darán cuando el monoaxial sea el adecuado, serán la reptación y el gateo. Cuando domine la postura erecta comenzará la marcha, que más tarde dará lugar a la carrera y el salto. También aparecerán otras conductas motrices como rodar, nadar o trepar.
- Por su parte, la **prensión** voluntaria empieza con la aproximación al objeto y posterior contacto. Más adelante comienza el lanzamiento, gracias a la capacidad de relajar la musculatura flexora. También una recepción muy burda empieza al final del período. Por último se inicia también la patada, que puede compararse a un lanzamiento con el pie.

b) **Preescolaridad, (2 a 7 años)**.

La actitud motriz genérica se caracteriza por su variabilidad, siendo por ello el patrón mecánico de los gestos muy eficaz y cambiante. El gesto motor se mantiene aún demasiado globalizado. Se produce también un incremento de la eficacia, sobre todo a partir de los cinco años, y gracias a la ganancia en potencia, control y a una progresiva integración relativa.

- En el **tono muscular** mejora el control estático y el dominio de la alternancia tensión/relajación. Se dan como algo normal en estas edades las paratonías y las sincinesias.
- La **autopercepción** mejora en posiciones estáticas, progresando en lo relativo a la diferenciación de segmentos.
- El **dominio postural** es mayor en posiciones estáticas. El equilibrio dinámico comienza a controlarlo al final del período.
- La **dominancia lateral** se va a definir en este período, comenzando alrededor de los cinco años (dominancia ocular y manual) y terminando hacia los siete aproximadamente.
- En la línea de los **desplazamientos**, la carrera y el salto comienzan a tener fases definidas, sobre todo en el vuelo.
- La **carrera** y el **salto** suelen ser arrítmicos en esta fase, variables sus patrones, e impregnados de simbolismo.
- En lo referente a la **prensión**, continúan diversificándose las conductas. La unión continuada del lanzamiento y recepción, da lugar al bote, que al principio se ejecuta con ambas manos.
- Todas las **conductas** mejoran en precisión, potencia y control, sobre la mitad del periodo.
- El **lanzamiento** comienza a ser bueno en la mayoría de los niños sobre los seis años. En la **recepción**, al final del período, comienza a adaptarse a la forma del móvil, a relajarse y anticiparse a su trayectoria.
- La **patada** va mejorando de los 4 a 6 años, haciendo participar progresivamente a los brazos y flexionando la pierna desde la rodilla, aunque el balanceo es corto aún.

c) **Escolaridad, (7 a 11 años)**.

La actitud motriz genérica se caracteriza por la estabilidad y el control, que es extensible a todos los comportamientos motores. Se manifiesta en una mayor coordinación.

- Aparece la **motricidad analítica** propiamente dicha.
- Surgen las **actividades motrices socializadas.**
- Gracias al progreso en los factores biológicos se origina una mejora en las **capacidades físicas**.
- El **control tónico** mejora, siendo más ajustado a las necesidades. Se superan paratonías y sincinesias. Se consigue ajustar la alternancia contracción/relajación.
- El **equilibrio** gana en complejidad y se aprenden posturas técnicas.

- En el **desplazamiento**, la carrera se hace más fluida y rítmica, la fase de vuelo es marcada y amplia, los brazos balancean de forma integrada en oposición al movimiento de piernas.

- El **salto** comienza a integrarse realmente a partir de los 7 años.

- En cuanto a la **patada**, va a poder realizarse con balanceo previo, con mayor integración y asociada a la carrera previa.

- El **lanzamiento** avanza en eficacia y precisión.

- Se produce en esta fase un gran avance en todas las **capacidades físicas.**

- La **velocidad** mejora gracias a la mayor selectividad y canalización del impulso nervioso, a la mejor integración motriz del gesto y al desarrollo de la atención.

- La **flexibilidad** tiene su apogeo con el paso de la infancia a la pubertad. Posteriormente decrecerá si no se incide con ejercicios específicos.

d) **Pubertad-adolescencia, (12 a15 años)**.

En el ámbito de la motricidad, de una parte, la inestabilidad producida por los cambios biológicos y emocionales da lugar a una alteración de su corporalidad y de la imagen de sí mismo, que le crean un **descontrol motor**. De otra, los avances que impone la mejora de las capacidades y la cognición, permite, en potencia, una mayor eficacia de las conductas motrices.

- Negativamente, el factor más influenciado es el **control corporal**.

- El **tono muscular** pasará por fases de exceso en segmentos no necesarios, lo cual dará lugar a vueltas episódicas de las paratonías y las sincinesias.

- La **actitud** postural también puede alterarse (cifosis, lordosis, escoliosis...). La insuficiencia de los mecanismos de control usuales sobre el **equilibrio**, pueden afectarlo.

- Las **capacidades físicas** muestran una mejora sustancial, pero su traducción en conductas motrices puede verse alterada por los procesos de desajuste corporal.

1.2.3. DESARROLLO PSICOLÓGICO.

Los estudios sobre el desarrollo humano nos muestran la gran importancia que en la construcción de la personalidad de niñas y niños tiene la motricidad.

a) **Desarrollo cognoscitivo**. Seguimos a Piaget (1982), citado por Rigal (2006) y Gallardo y Camacho (2008), el cual establece cuatro grandes etapas, a su vez compuestas de sub-etapas, en el desarrollo. Una de las aportaciones que hace a la motricidad este autor es el afán en poner de manifiesto la **relación** existente entre ésta y la evolución de la inteligencia. También la necesidad de actuar pedagógicamente según las características de cada uno de los estadios por los que los niños van pasando.

1º. Periodo Sensoriomotor. (0-2 años)	2º. Inteligencia Preoperativa o Simbólica (2-7 años)	3º. Operaciones Concretas. (7/8-12 años).	4º. Operaciones Formales. (12-16 años).
El niño se ocupa de adquirir el control motor y conocer los objetos del mundo físico, pero aún no forma símbolos de esos objetos. Aparición de las capacidades sensomotrices, perceptivas y lingüísticas.	El niño se ocupa de adquirir habilidades verbales y empieza a elaborar símbolos de los objetos que ya puede nombrar, pero en sus razonamientos ignora el rigor de las operaciones lógicas. Imitación y la representación.	El niño es capaz de manejar conceptos abstractos como los números y de establecer relaciones. Hace operaciones lógicas pero con símbolos concretos ya que tiene dificultades con los abstractos. Posee reversibilidad mental. Tiene lugar la socialización y la objetivación del pensamiento.	Se libera de lo concreto para pasar a lo abstracto. Surge el pensamiento formal e hipotético-deductivo. Se da paso al pensamiento hipotético-deductivo.

b) **Desarrollo emocional y social**. Seguimos a Freud (1981), quien afirma que lo "*afectivo se desarrolla junto a la inteligencia*". Estudia los cuatro periodos que brevemente exponemos:

1º. **Estadio impulsivo y emocional u oral (nacimiento-1/2 años).**

Aparecen reflejos afectivos en forma de respuestas a estímulos derivados de necesidades primarias (primeros meses). Hacia el tercer mes sus emociones se van diferenciando.

2º. **Estadio del personalismo o fálico (2-4 años).**

Se identifica con su yo: identificación con su sexo. Tres períodos: de oposición y de inhibición (3 años), de las gracias (4 años) y de imitación (4-5 años). Fase en la que se desarrolla el Complejo de Edipo.

3º. **Estadio de latencia (5-8 años).**

Organización del aparato psíquico. Constitución del Yo y de la estructura del aparato psíquico. Defensa y adaptación del Yo a la realidad. Construcción progresiva del pensamiento social, lógico y moral: moralidad autónoma.

4º. **Estadio prepuberal (9-11/12 años).**

Reactivación de las tendencias infantiles rechazadas. Identificación sexual y equilibrio emocional, mayor autonomía y autodeterminación: moralidad autónoma y aparición de la pandilla. El niño se convierte progresivamente en miembro del grupo social.

c) **Otros**. Independientemente de los autores anteriores, complementamos el desarrollo evolutivo citando escuetamente a Wallon (1947), Bruner (1970) y a Gesell y la teoría psicoanalítica (1979), entre otros.
- **Wallon**, (1947). Indica que niños y niñas van descubriendo sus cuerpos y tomando conciencia de los mismos como consecuencia de sus interacciones

con el medio y debido a la maduración del sistema nervioso. Establece que la motricidad incide decisivamente en la elaboración de las funciones psicológicas y enuncia varios periodos.

- **Bruner**, (1970). Considera que niñas y niños, a partir de una competencia motriz general, irán obteniendo patrones motores que, a través de su imitación, los irán dominando. Determina cinco fases que cubren desde el nacimiento a los once años.

- **Gessell**, (1979). Entiende que la maduración es la protagonista del desarrollo adaptativo, social, motriz y verbal. Resaltan la importancia del juego y movimiento por su influencia en la estructuración de la imagen corporal y en las relaciones interpersonales.

- **Ruiz Pérez**, (1994). Este autor agrupa a los distintos modelos en dos grandes líneas, los europeos (Ajuriaguerra, Le Boulch, Da Fonseca, Azemar, etc.) y los americanos (Cratty, Williams, Gallahue, etc.)

2. EDUCACION SENSOMOTRIZ Y PSICOMOTRIZ EN LAS PRIMERAS ETAPAS DE LA INFANCIA.

Sensopercepción es el trabajo que tiene por objeto el desarrollo de los sentidos: vista, oído, olfato, tacto... y gusto. **Motricidad** se refiere al movimiento corporal. El aprendizaje de la habilidad motriz depende de las aferencias y experiencias sensitivas que guían la producción motriz. El individuo sano modifica los esquemas motores y los adapta a funciones más dificultosas (saltos, carreras...). Esto es así porque ya las conoce, las ha experimentado y memorizado, aunque la persona con discapacidad psíquica tiene más restricciones para aprender a moverse. De ahí la relación entre el factor mental y el motor (Gil Madrona -coord.-, 2013).

2.1. LA EDUCACIÓN SENSOMOTRIZ EN LAS PRIMERAS ETAPAS DE LA INFANCIA.

Las **sensaciones** son todos aquellos estímulos que somos capaces de captar a través de los órganos sensoriales, de los sentidos: vista, oído, gusto, olfato y tacto (Guillén, Carrió y Fernández, 2002). Estos llegan a los centros de control produciendo en cada individuo una percepción concreta de la realidad. Por lo tanto es una mera admisión de información que nos ofrece el mundo a través de los sentidos (Gil Madrona -coord.-, 2013).

A lo largo del cuerpo están distribuidos los receptores sensoriales, algunos ocupan lugares muy específicos (Hernández Fernández, 2008). Son los responsables de captar los estímulos del medio, transformándolos en una información que será transportada a través de las vías nerviosas **aferentes** o sensitivas, hasta el S.N.C. y en particular hacia el córtex, donde se verán sometidas a una decodificación que determinará de dónde proceden, la naturaleza del excitante, su intensidad, etc. Las vías nerviosas **eferentes** o motrices transmiten los impulsos desde el S.N.C. hacia la periferia a través de interconexiones anatómicas complejas (Piñeiro, 2007).

Rigal (2006), **clasifica** las sensaciones en:

- **Interoceptivas**. Informan de los procesos internos del organismo, captando las informaciones procedentes de las vísceras. Representan las formas de sensación más difusa y mantienen cierta actividad con los estados emocionales.

- **Propioceptivas**. Informan sobre la situación del cuerpo en el espacio y sobre la postura, concretándose en sensaciones kinestésicas y vestibulares.
- **Exteroceptivas**. Informan sobre aspectos exteriores. Las más conocidas son la vista, oído, tacto, gusto y olfato, pero existen otras formas de sensibilidad poco estudiadas, como la sensibilidad vibratoria, la fotosensibilidad de la piel...

Las exteroceptivas se dividen en (Gil, 2003) y (Rigal, 2006):

a) **La vista.**

- **Agudeza visual**. Es la capacidad que tenemos de distinguir la forma y los detalles precisos del estímulo que se halla en posición estática o dinámica.
- **Seguimiento visual**. Se refiere a la capacidad de continuar con la mirada objetos.
- **Visión periférica.** Identificar lo que ocurre alrededor de un objeto sobre el que se fija la mirada.
- **Memoria visual**. Es la capacidad de recordar experiencias visuales anteriores.
- **Diferenciación figura-fondo**. Capacidad de destacar una figura dominante de su entorno.
- **Estabilidad perceptiva**. Consiste en reconocer objetos dentro de un mismo rango, por ejemplo bolas de tenis dentro del grupo de "pelotas". Requiere persistencia en la interpretación de la observación.

b) **El oído.**

- **Agudeza auditiva**. Es la capacidad que tenemos para captar y diferenciar los distintos sonidos, su tono e intensidad.
- **Seguimiento auditivo**. Consiste en la capacidad de identificar de dónde proviene el sonido y seguir el trazado que lleva.
- **Memoria auditiva**. Es la capacidad que tenemos de recordar y repetir experiencias auditivas cuando ha desaparecido el estímulo.

c) **El tacto.**

- **Discriminación táctil**. Es la capacidad de distinguir diferentes texturas utilizando exclusivamente el tacto.
- **Agudeza táctil**. Se trata de captar y diferenciar aspectos de los objetos y las cosas que tocamos o nos tocan.
- **Precisión táctil**. Es la minuciosidad en el tacto.

d) *Gusto y olfato.*

Son los sentidos que menos intervienen en la conducta motriz del niño y de la niña. La educación de los habitualmente denominados sentidos químicos, dado que dependen del contacto con diferentes sustancias químicas con sus receptores, se sistematizará en sesiones de carácter interdisciplinar. Por ejemplo, oler plantas en el área de Conocimiento del Medio.

La decodificación producida en el córtex se integra a las de otras sensaciones dando lugar a la percepción. La percepción será el fruto de una labor compleja de análisis y síntesis y nos permitirá captar objetos y situaciones íntegras.

Las **percepciones** son experiencias más complejas como resultado de procesos internos superiores y producto de la acumulación de sensaciones en la memoria en forma de experiencias o vivencias, es decir, el reconocimiento e interpretación de éstas. En la edad infantil es necesario realizar un intenso trabajo de capacidades sensitivas y perceptivas para ir construyendo la base motriz (Gil, 2003).

2.2. EDUCACIÓN PSICOMOTRIZ EN LAS PRIMERAS ETAPAS DE LA INFANCIA.

Estudiamos este punto basándonos en Linares (1989), Pastor (1994), Mendiara y Gil (2003), Camacho (2003), Gil (2003), Desrosiers y Tousignant (2005), Rigal (2006), Hernández Fernández (2008), Gil Madrona -coord.- (2013), Sassano (2015) y Tamarit (2016).

La Psicomotricidad surge en los primeros años del siglo XX a través del francés Ernest Dupré. Su idea central parte de que es posible reeducar al individuo con retraso dado las relaciones entre movimiento y mente. Ello arraiga en el campo de la psicología genética (Wallon), la psiquiatría infantil (Ajuriaguerra) y la pedagogía (Picq y Vayer), principalmente (Bottini, 2010).

Desde este planteamiento unitario de la persona, la psicomotricidad se propone tres grandes objetivos, entre otros:

- Desarrollar la capacidad **sensitiva**.
- Educar la capacidad **perceptiva**.
- Educar la capacidad **representativa y simbólica**.

En resumen, favorecer la relación entre el alumnado y su medio a través de actividades perceptivas y motrices relacionadas con el esquema corporal, espacio y tiempo, bajo formas jugadas.

En los últimos decenios ha ido adquiriendo importancia porque la educación psicomotriz se ha ocupado de modos de intervenir en el desarrollo infantil desde la **educación normal**, la **reeducación** y la **terapia** y desde las dificultades en el aprendizaje a la potenciación del desarrollo normal.

Aunque tradicionalmente se asocia a la idea de trabajar la psicomotricidad en una sala, en realidad muchas actividades pueden hacerse en la propia aula.

El **papel** de la maestra o maestro será doble, por un lado tratar de crear un clima positivo de intercambios de experiencias y por otro tratar de mejorar el desarrollo funcional que permita una mejora en las tareas y actividades. La educación psicomotriz ha dado magníficos resultados en los tratamientos reeducativos y terapéuticos, muy especialmente como tratamiento de los problemas de inadaptación escolar (dislexias, disgrafías, disortografías, etc.). Una buena educación psicomotriz debe ser la mejor base para realizar los aprendizajes escolares, fundamentalmente en educación infantil y también en primaria.

El D. 328/2010, de 13 de julio, por el que se aprueba el Reglamento Orgánico de los colegios de educación infantil y primaria, y de los centros públicos específicos de educación especial, BOJA nº 139, de 16/07/2010, indica en artículo 7 que una de las funciones y deberes del profesorado es "la atención al desarrollo intelectual, afectivo, **psicomotriz**, social y moral del alumnado".

Hoy día, siglo XXI, tenemos que dejar patente que el término psicomotriz engloba a corrientes muy diversas e incluso enfrentadas, por lo que no puede hablarse de un todo homogéneo. Igualmente, tiene numerosos detractores. El término psicomotricidad encubre hoy en día distintas significaciones, por lo que conviene citar, al menos, las más representativas. Destacamos a:

a) **La concepción experimental de la acción reeducativa de Picq y Vayer.**

En su desarrollo metodológico conciben la psicomotricidad como la comunicación, que se da a través del diálogo corporal niño-mundo, fundamentalmente a través de tres formas: la relación del niño consigo mismo, con los objetos y con los demás.

Centran su **atención** en las "*conductas motrices de base*" (coordinaciones y equilibrios), "*neuromotrices*" (relajación y lateralidad) y "*perceptivo-motrices*" (espacio y tiempo).

b) **La psicocinética de Le Boulch.**

"*La ciencia del movimiento humano debe partir de la existencia corporal como totalidad y como unidad y no puede homologarse con el estudio de una máquina compuesta por palancas, bisagras y músculos*".

Huye de la concepción dualista y considera el movimiento como medio de educación de la personalidad. Critica la práctica escolar de la condición física y la gran importancia del deporte.

"*El método psicocinético es un método de educación general que, como medio pedagógico, utiliza el movimiento en todas sus formas*".

c) **La psicomotricidad relacional de Lapierre y Aucouturier**

Intentan convertir la psicomotricidad en la vía que permita el paso de lo **vivido** a lo **abstracto**, para lo que proponen una educación organizada a partir de la percepción sensomotriz vivida por el escolar. A partir de los **contrastes asociados** a la acción corporal es como niñas y niños van a captar y organizar la realidad del mundo.

2.3. SENSOMOTRICIDAD Y PSICOMOTRICIDAD EN EL CURRÍCULO DE PRIMARIA.

El R.D. 126/2014, indica que uno de los elementos curriculares de la Educación Física pasa por la creación de "cinco tipos de situaciones motrices". Una de ellas está muy relacionada con la motricidad de base, como son las "acciones motrices individuales en entornos estables".

En Andalucía, la O. de 17/03/2015 nos indica que "*la Educación física permite al alumnado indagar en sus habilidades y destrezas motrices y las lleva a la práctica en situaciones de enseñanza/aprendizaje variadas. Las experiencias individuales y colectivas permiten adaptar las respuestas a los diferentes contextos, de esta forma atiende a las dimensiones de la personalidad: sensorial, cognitiva, afectiva, comunicativa, estética, de la salud, moral, social y creativa. Este área es un verdadero motor de formación integral y permanente, ya que a partir de propuestas de tareas competenciales dinámicas y variadas servirá para instrumentalizar en otras áreas actitudes que ayuden a afrontar los retos que en ellas se destilen, sobrepasando su plano motriz inicial. La actividad física tiene un valor educativo muy importante, tanto por las posibilidades de exploración que propicia como por las relaciones lógicas que el sujeto establece en las interacciones con los objetos, el medio, los otros y consigo mismo. Así, por ejemplo, los alumnos y alumnas construyen sus primeras nociones topológicas, temporales, espaciales o de resolución de problemas en actividades que emprende con otros en diferentes situaciones motrices".*

Ahora relacionamos los **elementos curriculares**:

a) **Competencias clave**. El área, desde la globalidad de los aprendizajes contribuye a la **competencia matemática y competencias en ciencia y tecnología**. Abordar cálculos, análisis de datos, gráficas y tablas sobre tiempos en pruebas, clasificaciones, ritmo cardíaco, puntuaciones, nociones de orden y espacios, cantidades, etc. Un buen nivel coordinativo y perceptivo-motor dará lugar a una mayor facilidad en el dominio de las relaciones espaciales, cuantificación y cálculos, magnitudes, comprensión de la perspectiva, lectura de mapas, escenas tridimensionales, formas geométricas, etc. Además, las relaciones temporales entre los objetos y las circunstancias, donde los cambios se producen dentro de sistemas de objetos interrelacionados.
El conocimiento de la naturaleza y la interacción con esta hace directamente que se desarrolle las competencias en ciencia y tecnología desde el conocimiento y principios básicos de la naturaleza. La observación del medio, el planteamiento de hipótesis para adaptar la acción al medio desde el conocimiento del propio cuerpo, espacio y tiempo.
La Educación física ayuda a la consecución del **Sentido de iniciativa y espíritu emprendedor** en la medida en que emplaza al alumnado a tomar decisiones con progresiva autonomía en situaciones en las que debe manifestar auto superación, perseverancia y actitud positiva.
El área contribuye a la **competencia de aprender a aprender** mediante el conocimiento de sí mismo y de las propias posibilidades y carencias como punto de partida del aprendizaje motor desarrollando un repertorio variado que facilite su transferencia a tareas motrices más complejas. Ello permite el establecimiento de metas alcanzables cuya consecución genera autoconfianza.
Competencia digital en la medida en que los medios informáticos y audiovisuales ofrecen recursos cada vez más actuales para analizar y presentar infinidad de datos que pueden ser extraídos de las actividades físicas, deportivas, competiciones, etc. El uso de herramientas digitales que permitan la grabación y edición de eventos (fotografías, vídeos, etc.) suponen recursos para el estudio de distintas acciones llevadas a cabo.

b) **Objetivos de etapa**. La habilidad está relacionada con el objetivo "k": "valorar la higiene y la salud, aceptar el propio cuerpo y el de los otros, respetar las diferencias y utilizar la educación física y el deporte como medios para favorecer el desarrollo personal y social", habida cuenta la habilidad motriz está presente en las prácticas de juegos que nos llevan a aceptar el propio cuerpo y el de los demás y su uso para el desarrollo personal y social.

c) **Objetivos de Área**. Algunos tienen **relación** directa con las capacidades coordinativas. Por ejemplo, el "1", que trata sobre el conocimiento del propio cuerpo y disfrutar de sus capacidades motrices; el "2", sobre el uso de habilidades motrices y la adaptación del movimiento.

d) **Contenidos**. Este tema está relacionado con el primer bloque de **contenidos**, "**El cuerpo y sus habilidades perceptivo motrices**" porque este tema trata del desarrollo de los contenidos básicos de la etapa que servirán para posteriores aprendizajes más complejos, donde seguir desarrollando una amplia competencia motriz.

e) **Criterios de evaluación**. También algunos criterios y estándares de aprendizaje hacen referencia a coordinación y equilibrio. Por ejemplo, el 1: "Resolver situaciones motrices con diversidad de estímulos y condicionantes espacio-temporales, seleccionando y combinando las habilidades motrices básicas y adaptándolas a las condiciones establecidas de forma eficaz".

f) **Estándares de aprendizaje**. Ponemos algunos ejemplos:
   1.1. Adapta los desplazamientos a diferentes tipos de entornos y de actividades físico deportivas y artístico expresivas ajustando su realización a los parámetros espacio-temporales y manteniendo el equilibrio postural.
   1.2. Adapta la habilidad motriz básica de salto a diferentes tipos de entornos y de actividades físico deportivas y artístico expresivas, ajustando su realización a los parámetros espacio-temporales y manteniendo el equilibrio postural.
   1.3. Adapta las habilidades motrices básicas de manipulación de objetos (lanzamiento, recepción, golpeo, etc.) a diferentes tipos de entornos y de actividades físico deportivas y artístico expresivas aplicando correctamente los gestos y utilizando los segmentos dominantes y no dominantes.
   1.4. Aplica las habilidades motrices de giro a diferentes tipos de entornos y de actividades físico deportivas y artístico expresivas teniendo en cuenta los tres ejes corporales y los dos sentidos, y ajustando su realización a los parámetros espacio temporales.
   1.5. Mantiene el equilibrio en diferentes posiciones y superficies.

Por otro lado, el R.D. 126/2014, indica que uno de los elementos curriculares de la Educación Física pasa por la creación de "cinco tipos de situaciones motrices". Una de ellas está muy relacionada con la habilidad motriz, como son las "acciones motrices individuales en entornos estables".

CONCLUSIONES

La evolución de las capacidades motrices en relación con el desarrollo evolutivo general ha sido estudiada desde diversos prismas: desarrollo biológico, fisiológico y psicológico, éste incluye al cognitivo, emocional y social. Esto es de gran importancia para el docente de primaria debido a que debe detectar cualquier anomalía en el alumnado para avisar a la familia y poner el remedio oportuno. La observación en clase de educación física le permitirá descubrir las irregularidades que puedan presentarse en las capacidades físicas, perceptivo-motrices y coordinativas. La senso y psicomotricidad son de gran trascendencia debido a que las edades más críticas para su aplicación son, precisamente, las correspondientes a la etapa primaria. Por otro lado hay que destacar la relación existente entre psicomotricidad y los aprendizajes básicos escolares (lecto-escritura) y las relaciones socio-afectivas entre los componentes del grupo.

En la etapa de la Educación Primaria la Educación Física permite a los estudiantes explorar su potencial motor a la vez que desarrollan las competencias motrices básicas. Eso implica movilizar toda una serie de habilidades motrices, actitudes y valores en relación con el cuerpo, a través de situaciones de enseñanza-aprendizaje variadas, en las que la experiencia individual y la colectiva en los diferentes tipos de actividades permitan adaptar la conducta motriz a los diferentes contextos. En esta etapa, la competencia motriz debe permitir comprender su propio cuerpo y sus posibilidades y desarrollar las habilidades motrices básicas en contextos de práctica, que se irán complicando a medida que se progresa en los sucesivos cursos. Las propias actividades y la acción del docente ayudarán a desarrollar la posibilidad de relacionarse con los demás, el respeto, la colaboración, el trabajo en equipo, la resolución de conflictos mediante el diálogo y la asunción de las reglas establecidas, el desarrollo de la iniciativa individual y de hábitos de esfuerzo.

Por último, destacar la impertinencia en estas edades de trabajar la psicomotricidad y la sensomotricidad, de modo que el niño o niña sea capaz de reconocer los estímulos que recibe desde el exterior, tales como: sonidos, distancias, diferencian objetos, etc.

BIBLIOGRAFIA

- ARTEAGA, M. VICIANA, V. y CONDE, J. (1997). *Desarrollo de la expresividad corporal*. INDE. Barcelona.
- BERNAL, J. A. (2002). *Juegos y actividades de equilibrio*. Wanceulen. Sevilla.
- BOTTINI, P. -coor.- (2010). Psicomotricidad: prácticas y conceptos. Miño y Dávila, editores. Buenos Aires.
- BRUNER, (1979). *El desarrollo del niño*. Morata. Madrid.
- BUENO, M.; DEL VALLE, S.; DE LA VEGA, R. (2011). *Los contenidos perceptivomotrices, las habilidades motrices y la coordinación*. Virtual Sport. Segovia.
- CAMACHO, H. (2003). *Pedagogía y Didáctica de la Educación Física*. Kinesis. Armenia (Colombia).
- CONDE, J. L. y VICIANA, V. (2001). *Fundamentos para el desarrollo de la motricidad en edades tempranas*. Aljibe. Málaga.
- CORPAS, F., TORO, S. y ZARCO, J. (1994). *Educación Física en la Enseñanza Primaria*. Aljibe. Málaga.
- CUADRADO, G.; PABLOS, C.; GARCÍA, J. (2006). *Aspectos metodológicos y fisiológicos del trabajo de hipertrofia muscular*. Wanceulen. Sevilla.
- DESROSIERS, P. y TOUSIGNANT, M. (2005). *Psicomotricidad en el aula*. INDE. Barcelona.
- FERNÁNDEZ GARCÍA, E. (Coor.), CECCHINI, J. A. y ZAGALAZ, Mª L. (2002). *Didáctica de la educación física en la educación primaria*. Síntesis. Madrid.
- FREUD, S. (1981). *Más allá del principio del placer*. Biblioteca Nueva. Madrid.
- GARCÍA, J. A. y BERRUEZO, P. P. (2000). *Psicomotricidad y Educación Infantil*. CEPE S. L. Madrid.
- GALLARDO, P. y CAMACHO, J. M. (2008). *Teorías del aprendizaje y práctica docente*. Wanceulen Educación. Sevilla.
- GIL, P. (2003). *Desarrollo psicomotor en Educación Infantil*. Wanceulen. Sevilla.
- GIL MADRONA, P. -coord.- (2013). *Desarrollo curricular de la Educación Física en la Educación Infantil*. Ediciones Pirámide. Madrid.
- GUILLÉN, E. I.; CARRIÓ, J. C. y FERNÁNDEZ, M. A. (2002). *Sistema nervioso y actividad física*. En GUILLÉN, M. Y LINARES, D. (coords.). *Bases biológicas y fisiológicas del movimiento humano*. Médica Panamericana. Madrid.
- GUTIÉRREZ, M. (2004). *Aprendizaje y desarrollo motor*. Fondo Editorial San Pablo Andalucía (CEU). Sevilla.
- HAHN, E. (1988). *Entrenamiento con niños*. Martínez Roca. Barcelona.

- HERNÁNDEZ FERNÁNDEZ, A. (2008). *Psicomotricidad: Fundamentación teórica y orientaciones prácticas.* Universidad de Cantabria. Santander.
- JUNTA DE ANDALUCÍA (2007). *Ley 17/2007, de 10 de diciembre, de Educación en Andalucía.* (L. E. A.) B.O.J.A. nº 252, de 26/12/2007.
- JUNTA DE ANDALUCÍA (2010). *Decreto 328/2010, por el que se aprueba el Reglamento Orgánico de las escuelas infantiles de segundo grado, de los colegios de educación infantil y primaria, de los colegios de educación primaria, y de los centros públicos específicos de educación especial.* BOJA nº 139, de 16/07/2010.
- JUNTA DE ANDALUCÍA (2015). *Decreto 97/2015, de 3 de marzo, por el que se establece la ordenación y el currículo de la educación Primaria en la comunidad Autónoma de Andalucía.* BOJA nº 50 de 13/03/2015.
- JUNTA DE ANDALUCÍA (2015). *Orden de 17 de marzo de 2015, por la que se desarrolla el currículo correspondiente a la educación Primaria en Andalucía.* BOJA nº 60 de 27/03/2015.
- JUNTA DE ANDALUCÍA (2015). *Orden de 04 de noviembre de 2015, por la que se establece la ordenación de la evaluación del proceso de aprendizaje del alumnado de educación primaria en la Comunidad Autónoma de Andalucía.* B.O.J.A. nº 230, de 26/11/2015.
- JUNTA DE ANDALUCÍA (2010). *Decreto 328/2010, de 13 de julio, por el que se aprueba el Reglamento Orgánico de las escuelas infantiles de segundo grado, de los colegios de educación primaria, de los colegios de educación infantil y primaria, y de los centros públicos específicos de educación especial.* BOJA nº 139, de 16/07/2010.
- LAPIERRE, A. y AUCOUTURIER, B. (1980). *El cuerpo y el inconsciente en educación y terapia.* Científico-Médica. Barcelona.
- LE BOULCH, J. (1986). *La educación por el movimiento en la edad escolar.* Paidós. Barcelona.
- LEGIDO, J. C. y otros (2009). *Hipertrofia y crecimiento muscular.* En GUILLÉN, M. y ARIZA. L. *Las Ciencias de la Actividad Física y el Deporte como fundamento para la práctica deportiva.* U. de Córdoba.
- LEÓN, J. A. (2006). *Teoría y Práctica del Entrenamiento. Deportivo. Nivel 1 y 2.* Wanceulen. Sevilla.
- LINARES, P. (1989). *Expresión corporal y desarrollo psicomotor.* Unisport. Málaga.
- LÓPEZ, C. y GAROZ, I. (2004). *Evaluación de las capacidades coordinativas.* En HERNÁNDEZ, J. L. y VELÁZQUEZ, R. (Coor.) *La evaluación en Educación Física.* Graó. Barcelona.
- M. E. C. (2006). *Ley Orgánica de Educación (L.O.E.) 2/2006, de 3 de mayo, de Educación.* B. O. E. nº 106, de 04/05/2006, modificada en determinados artículos por la LOMCE/2013.
- M. E. C. (2013). *Ley Orgánica 8/2013, de 9 de diciembre, para la mejora de la calidad educativa.* (LOMCE). B. O. E. nº 295, de 10/12/2013.
- M. E. C. (2014). *Real Decreto 126/2014, de 28 de febrero, por el que se establece el currículo básico de la Educación Primaria.* B. O. E. nº 52, de 01/03/2014.
- M.E.C. (2015). *Orden ECD/65/2015, de 21 de enero, por la que se describen las relaciones entre las competencias, los contenidos y los criterios de evaluación de la educación primaria, la educación secundaria obligatoria y el bachillerato.* B.O.E. nº 25, de 29/01/2015.
- MENDIARA, J. y GIL, P. (2003) *La Psicomotricidad. Evolución, corrientes y tendencias actuales.* Wanceulen. Sevilla.
- OÑA, A. (1987). *Desarrollo y Motricidad: Fundamentos evolutivos de la Educación Física.* Universidad de Granada.

- OÑA, A. (2005). *Actividad física y desarrollo: ejercicio físico desde el nacimiento*. Wanceulen. Sevilla.
- PASTOR, J. L. (1994). *Psicomotricidad escolar*. Dpto. Educación de la U. De Alcalá de Henares. Madrid.
- PASTOR, J. L. (coord.) (2007). *Motricidad*. Wanceulen. Sevilla.
- PÉREZ-SANTAMARINA, E. (1998). *Desarrollo psicomotor*. En GALLEGO, J. L. -coord.- (1994). *Educación Infantil*. Aljibe. Málaga.
- PIAGET, J. (1982). *El nacimiento de la inteligencia en el niño*. Aguilar. Madrid.
- PICQ Y VAYER (1985). *Educación psicomotriz y retraso mental*. Científico-Médica. Madrid.
- PIÑEIRO, R. (2007). *La velocidad y el sistema nervioso*. Wanceulen. Sevilla.
- RIGAL, R. (2006). *Educación motriz y educación psicomotriz en Preescolar y Primaria*. INDE. Barcelona.
- RIVADENEYRA M. L. -Coord-. (2003). *Desarrollo de la motricidad*. Wanceulen. Sevilla.
- RUIZ PÉREZ, L. M. (1994). *Desarrollo motor y actividades físicas*. Gymnos. Madrid.
- RUIZ PÉREZ, L. M. (2005). *Moverse con dificultad en la escuela*. Wanceulen. Sevilla.
- SANCHEZ BAÑUELOS, F. (1989). *Bases para una didáctica de la educación física y el deporte*. Gymnos. Madrid.
- SÁNCHEZ BAÑUELOS, F. y FERNÁNDEZ, E. -Coord.- (2003). *Didáctica de la Educación Física"* Prentice Hall. Madrid.
- SASSANO, M. (2015). *El cuerpo como origen del tiempo y del espacio. Enfoques desde la Psicomotricidad*. Miño y Dávila editores. Buenos Aires.
- TAMARIT, A. (2016). *Desarrollo cognitivo y motor*. Síntesis. Madrid.
- TORRES, M. A. (2005). *Enciclopedia de la Educación Física y el Deporte*. Ediciones del Serbal. Barcelona.
- TRIGUEROS, C. y RIVERA, F. (1991) *Educación Física de Base*. Imprenta Gioconda-C.E.P. Granada.
- WALLON, H. (1980). *La Evolución psicológica del niño*. Crítica. Barcelona.

WEBGRAFÍA (Consulta en octubre de 2015).

- http://recursos.cnice.mec.es/edfisica/
- http://recursos.cnice.mec.es/edfisica/
- http://www.ite.educacion.es/es/recursos
- http://www.educarm.es/admin/recursosEducativos#nogo
- http://www.gobiernodecanarias.org/educacion/webdgoie/
- http://www.educarex.es/web/guest/apoyo-a-la-docencia
- http://www.guiaderecursos.com/webseducativas.php
- http://www.adideandalucia.es
- http://recursostic.educacion.es/primaria/ludos/web/index.html
- www.juntadeandalucia.es/educacion/descargasrecursos/curriculo-primaria/index.html

www.ingramcontent.com/pod-product-compliance
Lightning Source LLC
Chambersburg PA
CBHW080256170426
43192CB00014BA/2693